差がつく練習法

サッカー 個を強くする ドリブル練習

著 川島和彦 JSC CHIBA代表兼U-12監督

INTRODUCTION
はじめに

ゲームで活きるドリブルトレーニングを

　ドリブルという「技術」の目に見える部分だけを解析すると、「ボールさばき」と「体さばき」の組み合わせに見えます。ということは、「ボールコントロール」と「ボディコントロール」の両方を向上させることが、技術力向上のための直接的なアプローチと言えるでしょう。しかし、それだけでドリブルがうまくなるわけではありません。なぜなら、ドリブルにはその他にも必要な力があるからです。

　たとえば、ピッチのなかでは局面毎の状況を把握して、最適なプレーを判断する力が必要です（「眼と頭」の力）。そのためには、さまざまなアイデアを持っている必要もあります。また、自信や余裕をもってゲームに臨めるか、絶対に負けないという心を持っているかという部分（「心」の力）もゲームで勝つためには必須です。

　本書では、ドリブルという「技術」の向上のために、B&B（Ball&Body）コントロールの質を高めるトレーニングメニューを中心に紹介させていただきます。しかし、ゲームで活躍できるドリブラーとなるためには、「眼」「頭」「心」もトレーニングのなかで意識しながら一緒に育てていく必要があることを理解していただきたいと思います。メニュー紹介と同時に意識を向けるポイントについても解説していますので、トレーニングにどのような意味があるのか、どんなときに使える技術なのか、それをしっかりと理解した上で取り組んでください。「書いてあるとおりにする」だけでの取り組みでは、「言われたとおりに動く」だけの選手へ導くことになってしまいます。

　ドリブルのルートやタッチを定めた上で行うドリル形式のトレーニングであっても、ディフェンスの動きを想像しながら行うことで、ゲームで活かせるリアルなトレーニングとなります。指導者も選手も、トレーニングをゲームで活かすという当事者意識を常に持っていただきたいと思います。

　選手自身の意識次第で、トレーニングで得られる成果の大きさが決まるのです。

川島和彦
JSC CHIBA代表兼U-12監督

CONTENTS
目次

- 2 ── はじめに
- 7 ── 本書の使い方
- 8 ── ドリブル上達の4つの柱

第1章 ルーティーン&基礎トレーニング

- 10 ── ルーティーン&基礎トレーニングをはじめる前に

● ルーティーントレーニング
- 12 ── Menu001 インサイド&インサイド
- 14 ── Menu002 インサイド&アウトサイド
- 16 ── Menu003 片足イン・イン&アウト・アウト
- 18 ── Menu004 アウトサイド&アウトサイド
- 20 ── Menu005 片足インサイド&アウトサイド
- 22 ── Menu006 スキップからのインサイド
- 24 ── Menu007 ソールタッチ
- 26 ── Menu008 インサイド&ソールローリング
- 28 ── Menu009 ソール引き&インサイド
- 30 ── Menu010 ソール引き&アウトサイド
- 32 ── Menu011 すくい上げ①
- 34 ── Menu012 すくい上げ②
- 36 ── Menu013 ジグザグドリブル

● 基礎トレーニング
- 38 ── Menu014 横ドリブル
- 40 ── Menu015 クイックネスターン
- 42 ── Menu016 テクニカルターン
- 44 ── Menu017 シザース

46	Menu018	ステップオーバー
48	Menu019	ルーレット
50		徹底解説！ルーレット
52	Menu020	エラシコ
54		徹底解説！エラシコ
56		徹底解説！マシューズフェイント
58		徹底解説！クライフターン
60		徹底解説！クリロナターン
62		章末コラム①

第2章 ボールキープ力強化トレーニング

64		ボールキープ力強化トレーニングをはじめる前に

●ボールキープのタッチ

66	Menu021	アウトサイド回り
67	Menu022	ソール回り
68	Menu023	横ローリングからの3/4回転引き
70	Menu024	ソール斜め後ろドリブル
72	Menu025	前後ジグザグドリブル
74	Menu026	8の字ドリブル
78	Menu027	1vs1のボールキープ①
80	Menu028	1vs1のボールキープ②

●ターン

82	Menu029	ターン（ソール）
84	Menu030	ターン（インサイド）
86	Menu031	ターン（アウトサイド）
88	Menu032	ターン（インまたぎ）
90	Menu033	ターン（アウトまたぎ）
92	Menu034	ターン（ハーフルーレット）
94		章末コラム②

第3章 球際強化トレーニング

96		球際強化トレーニングをはじめる前に
98	Menu035	後ろに誘って突破
100	Menu036	ファーストタッチからの1vs1

104	Menu037	縦列からの1vs1 ①
106	Menu038	縦列からの1vs1 ②
108	Menu039	長座からの球際1vs1
110	Menu040	ダッシュからの球際1vs1
112	Menu041	浮き球からの1vs1
114	Menu042	「1vs1」＋「1vs1」
116	Menu043	1vs1vs1
118		章末コラム③

第4章 突破力強化トレーニング

120		突破力強化トレーニングをはじめる前に
122	Menu044	ダッシュからの３つ抜き
124	Menu045	スラロームドリブル
126	Menu046	斜め横ドリブル
128	Menu047	入ってきて1vs1
130	Menu048	グリッドからの抜け出し
132	Menu049	ダブル裏街道
134	Menu050	左右に揺さぶるドリブル
136	Menu051	並走からの逆取り
138	Menu052	縦加速＆フリからの中
144	Menu053	横はずしからの縦突破
148	Menu054	横進入からの1vs1 ①
150	Menu055	横進入からの1vs1 ②
154	Menu056	横進入からの1vs1 ③
156	Menu057	斜めはずしからの縦へのスピードアップ
158	Menu058	はずしからのカットイン＆裏街道
160	Menu059	はずしからのカットイン＆ダブルタッチ
162	Menu060	はずしからの1vs1
166		章末コラム④

第5章 Q&A

168	よくあるご質問
172	おわりに
174	著者＆チーム紹介

本書の使い方

本書では、写真や図、アイコンなどを用いて、一つひとつのメニューを具体的に、よりわかりやすく説明しています。図や"やり方"を見るだけでもすぐに練習を始められますが、この練習のねらいはどこにあるのか？　どこに注意すればいいのかを理解して取り組むことで、より効果的なトレーニングにすることができます。普段の練習に取り入れて、上達に役立ててみてください。

▶ 使える場面が一目瞭然
練習の難易度やかける時間に加え、ピッチのどの部分で使えるドリブルなのかがひと目でわかります。効果の度合いは、メニューの動きを身につけてから実戦で効果が出るようになるまでの期間を想定しています。

▶ 知っておきたい練習のポイント
この練習のポイントはどこにあるのか、なぜ必要なのか、また練習を行う際の注意点を示しています。

図の見方

 オフェンス選手　 ディフェンス選手　 コーン　 ドリブル、ボールの動き / 人の動き

ドリブル上達の **4つの柱**

ここから実際に、テーマ毎にドリブルのトレーニングメニューを紹介していくが、黙々と技術を磨くだけではドリブルの力は向上しない。試合で活躍できるドリブラーとなるためには、以下の4つの力を一緒に鍛えていくことを意識しよう。

「技」
思い通りに、かつ正確にボールを止める、蹴る、運ぶ。試合のなかでのプレーの再現性を高める

「体」
スピード、体幹、持久力、関節可動域、筋肉の柔軟性などを磨いて、自由自在に体を動かす

「眼と頭」
素早く状況を把握、及び判断する。相手と駆け引きをして、演技を交えながらアイデアを増やす

「心」
自信と余裕を持ってプレーをする。相手に対する負けん気の強さや、粘り強さを育む

第1章
ルーティーン＆基礎トレーニング

この章では、ウォーミングアップ時に行うルーティーントレーニングと、
その後に行う基礎トレーニングを紹介する。
思い通りにボールを動かすためには、
さまざまなタッチが体に染みついていないといけない。
たくさんボールに触れて、タッチの確認を繰り返し行っておくことが大切だ。

ルーティーン&
基礎トレーニング
をはじめる前に

⇒ルーティーントレーニングとは?

- ウォーミングアップ時に常に行い、ボールフィーリングを調整するためのトレーニング
- ボールにたくさん触れる時間を確保する
- 年齢にかかわらず、継続して行うべきトレーニング

⇒基礎トレーニングとは?

- コーンなどを使い、非対人の状況で技術力を高めるトレーニング
- ゲームから逆算して、実戦をイメージしながら発展させていく

ドリブル技術向上のベースをつくる

　Menu001～013は、ルーティーントレーニングとしてボールフィーリングの調整を行いながら、体の準備をするメニューだ。ウォーミングアップは筋肉や関節、心肺へ急激に負担が掛からないための準備だが、そこへトレーニング要素を加える。毎回行う事でボールタッチ数を増やすねらいもある。ゲームや対人トレーニングが多くなると1人当たりのタッチ数が減るので、たくさん触れる時間を確保する必要があるのだ。当然、たくさん触れれば技術は向上する。年を重ね完成期に向かうにつれてトレーニングの質は組織的になっていくので、アップ時のドリブルトレーニングは年齢が上がっても継続して欲しい。なお、トータルで約20～30分行う。コーチの号令で動くのではなく、選手自身が時間配分も工夫する。

　Menu014以降では、アップ後に行う基礎トレーニングの一例を紹介する。オープンスキル（対人）のトレーニングに入る前に、クローズドスキル（非対人）でトレーニングを積み重ねる必要がある。たとえばフェイントを磨くステップは、「やり方を知る」→「出来るようになる」→「質を上げる」であり、ここまではコーンを相手に出来る。次に「立つだけのディフェンス」→「足を出すだけのディフェンス」→「移動できるディフェンス」へと発展させていく。

　本書のメソッドは、ゲームから逆算したイメージで行うクローズドスキルを多用する。真剣に奪いに来るディフェンスを想像しながらコーンを抜いたり、ターンした瞬間をねらわれることを理解しながらツータッチ目を速くする意識を持つことで、ゲームに直結するトレーニングとなる。

[年齢とドリブル技術向上の関係]

年齢	フェーズ	ドリブルの成長過程
～7歳	導入	ボールタッチの基本的な動き方と出会う
～10歳	進化	ボールさばきや体さばきがみるみる向上する
～13歳	強化	スピードとパワーが加わる
14歳～	維持	関節可動域や筋肉の柔軟性が後退していく

ルーティーントレーニング

柔らかいインサイドタッチを身につける

ねらい

ボールさばき	●
体さばき	●
スピード	
パワー	
持久力	

難易度 ★☆☆☆☆
時間 2分
効果の度合い 1ヶ月

» 実戦で使えるエリア

Menu 001 インサイド&インサイド

やり方

1. 肩幅に足を開く
2. 低く跳びながらインサイドで左右交互にボールを動かす

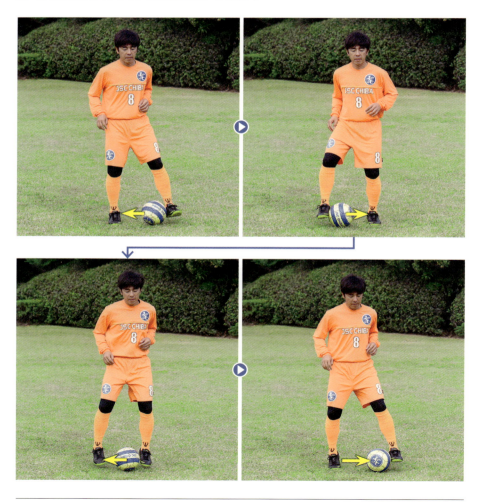

ポイント①
内股気味で行う

ヒザをクッションのように柔らかく使いながら、内股気味でタッチすることでボールが体から離れにくくなる。使う場面が非常に多い基礎的なタッチであるため、思い通りに動かせるようにすることは必須だ

ポイント②
つま先の向きに意識を向けよう

ボールを当てる足の面は平ではないため、つま先を真っ直ぐに前へ向けても真横にボールは転がらない。つま先は少し内側に向けるようにしよう。また、つま先を曲げるためには、ヒザも柔らかく曲げることも意識すること

ヒザを柔らかく使う

ヒザが伸びている

Extra
下半身の関節の連動は腕で考えるとわかる

手首を自然に動かせば、ヒジや肩の関節も一緒に動いているのがわかるはず。足首を手首、ヒザをヒジ、股関節を肩と考えると、下半身の関節はそれぞれ連動して動いていることをイメージしやすいだろう

ワンポイントアドバイス

- 慣れてきたらより低く速く、リズムを変えながらやってみよう
- 股関節は出来るだけ広げよう
- 最初はその場で、次に前に進んでみよう
- 後ろや斜めに動きながらやってよう

ルーティーントレーニング

複数のタッチを組み合わせる

ねらい
- ボールさばき
- 体さばき
- ~~スピード~~
- ~~パワー~~
- ~~持久力~~

難易度 ★☆☆☆☆
時間 2分
効果の度合い 1ヶ月

≫ 実戦で使えるエリア

Menu 002 インサイド&アウトサイド

やり方

1. インサイドで、反対の足の外へボールを転がす
2. 反対の足のアウトサイドで斜め前へ運ぶ
3. 続けて逆の足で行う。これを左右交互に繰り返す

ワンポイントアドバイス

≫ タッチの強弱で前進か後進かが決まる

前進する際はインサイドで強めにタッチしよう。逆に、後進する際はインサイドで弱めにタッチしよう。また進行方向は、アウトサイドでタッチする際の足首の角度で調整することができる

後進する

インサイド

アウトサイド

ここに注意!

- ≫ 股関節は横に開いた状態を維持し続けてドリブルする
- ≫ 上半身は常に前を向き、腰から下を連続でひねるイメージで行う

ルーティーントレーニング

リズミカルな連続タッチを身につける

ねらい：ボールさばき／体さばき

難易度	★☆☆☆☆
時間	2分
効果の度合い	1ヶ月

≫ 実戦で使えるエリア

Menu 003 片足イン・イン＆アウト・アウト

やり方

1. 小刻みに跳びながら、インサイドで2タッチ、足を切りかえてアウトサイドで2タッチしながら前進する

イン　　　イン　　　切りかえ

16

❌ ここに注意！

≫ 下半身の関節は連動している

タッチする際は、足首が内側と外側の斜め前を向くようにする。足首の向く方向を変えるためには、ヒザの向く方向も変える必要がある。そのためには、股関節も柔軟に開閉する必要がある。下半身のそれぞれの関節はすべて連動して動くことを意識しよう。

アウト　　　　　　　アウト　　　　　　　切りかえ

ルーティーントレーニング

ステップを踏みながらのタッチの感覚を養う

ねらい

ボールさばき
体さばき
~~スピード~~
~~パワー~~
~~持久力~~

難易度 ★☆☆☆☆
時間 2分
効果の度合い 1ヶ月

≫ 実戦で使えるエリア

Menu **004** アウトサイド&アウトサイド

やり方

1. アウトサイドで両足交互にタッチしながら、少しずつ前進する

アウトサイド

アウトサイド

足の運び方

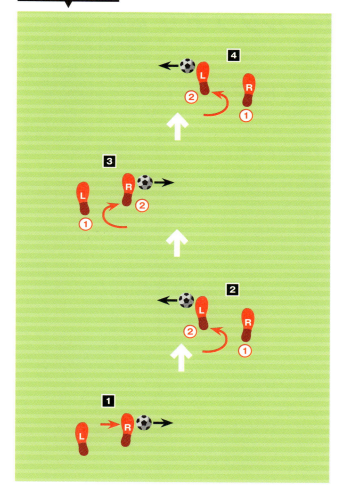

1. 右足のアウトサイドでタッチする。ボールを動かすようなタッチというよりは、「ちょっとだけ触れる」ことをイメージする
2. 右足、左足の順にボールを少し超えた位置に着地する。軸足となる右足を外に置き、左足アウトサイドでタッチする
3. 左足、右足の順にボールを少し超えた位置に着地する。軸足となる左足を外に置き、右足アウトサイドでタッチする
4. 2と同じ動きで、左足アウトサイドでタッチする

ワンポイントアドバイス

≫ 体は速く、ボールにはやさしく

ボールをタッチするというよりは、サイドステップで体を素早く左右に動かしながら、その途中でボールにやさしく触れるイメージで行う。体は左右に大きく動くが、ボールは左右にほとんど動かずに少しずつ前に進む

ルーティーントレーニング

連続したボールタッチでリズムを作る

ねらい

ボールさばき
体さばき
スピード
パワー
持久力

難易度	★☆☆☆☆
時間	2分
効果の度合い	1ヶ月

≫ 実戦で使えるエリア

Menu 005 片足インサイド&アウトサイド

やり方

1. 片足のインサイドとアウトサイドで交互にタッチをしながら前進する

インサイド

アウトサイド

インサイド

20

足の運び方

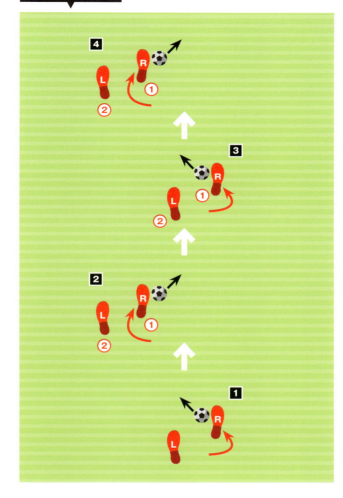

1. 右足のインサイドでタッチする
2. 「イチ、ニ」のリズムで右足、左足の順に着地する。左足を軸にして、右足のアウトサイドでタッチする
3. 「イチ、ニ」のリズムで右足、左足の順に着地する。左足を軸にして、右足インサイドでタッチする
4. 2と同じ動きで、右足アウトサイドでタッチする

ワンポイントアドバイス

» つま先を速いリズムで動かす

つま先を小刻みに動かしながらステップを踏み、ボールにタッチしていこう。「イチ、ニ」の２拍子のリズムをでテンポ良く行うとやりやすい。ボールは足元ではなく、自分の体の前でさばくことを意識してやってみよう

ルーティーントレーニング

ゆったりとしたリズムのなかでのタッチを身につける

ねらい

Menu 006 スキップからのインサイド

難易度	★★★★★
時間	2分
効果の度合い	1ヶ月

ボールさばき
体さばき
スピード
パワー
持久力

≫ 実戦で使えるエリア

やり方

1. スキップをしながらインサイドでタッチし、斜め前にボールを運んでいく

❓ なぜ必要？

≫ 緩急を使うフェイントにつながる

マシューズフェイントなど、ゆったりとした動きから急な動き出しで相手の逆を取るフェイントは多い。スキップはまさにそれと同じ動き。浮き上がる動きで相手を誘うことを意識してみよう（マシューズフェイントについては、P56で動きを確認しよう）

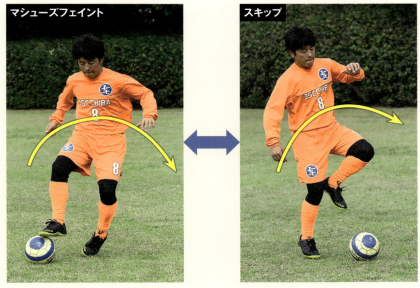

▲マシューズでは、上半身の動きで相手を誘惑する

▲スキップのゆったりした動きは、マシューズと同じ

❌ ここに注意！

≫ リズム感を大切に

ボールタッチに意識を集中しすぎないようにすること。スキップのリズムをしっかりと確認しながらやろう。リズムが合わないようであれば、まずボールは使わずにスキップだけをやり、ボールタッチのタイミングをイメージしよう

≫ 下りてくるときにタッチする

スキップをして空中から下りてくるタイミングでボールにタッチをする。その他のタイミングで触れてしまうと、体とボールが離れてしまうのでうまくいかない

ルーティーントレーニング

足の裏を使ったボール運びの感覚を養う

ねらい

Menu **007** ソールタッチ

難易度	★☆☆☆☆
時間	2分
効果の度合い	1ヶ月

ボールさばき
体さばき
スピード
パワー
持久力

» 実戦で使えるエリア

前押し

やり方

1. 足の裏でボールを踏むように左右交互にタッチしながら前へ進む

! ポイント　足の前部分でタッチする

土踏まずよりも前の部分でリズミカルにタッチする。ボールの頂点からやや手前あたり、7〜8合目を目安にタッチすると力が入りすぎずに上手に進めることができる

Extra

片足のソール押しは筋力が必要になる

今回のメニューでは両足交互でタッチをする動きとしている。よく片足で前押し・後ろ引きを取り入れている場合もあるが、筋力的な負荷が少ししかかるので注意が必要だ。力でボールを動かすのではなく、柔らかいタッチでしなやかにボールを動かすことを意識しよう

後ろ引き

やり方

1. 前進と同じ要領で、ボールを引くようにタッチしながら後ろへ進む

⚠ ポイント　裸足で行うと感覚をつかみやすい

芝生など安全な場所で、裸足で行ってみよう。特に後ろへ引く場合は、足の指でボールをつかむ感覚を実感できる

ルーティーントレーニング

ねらい：足の裏を使って横にボールを転がす

Menu 008 インサイド&ソールローリング

難易度	★☆☆☆☆
時間	2分
効果の度合い	1ヶ月

≫ 実戦で使えるエリア

ボールさばき
体さばき
スピード
パワー
持久力

やり方

1. 左右のインサイドで2回タッチする
2. 3回目のタッチはソールでボールを転がす

インサイド　インサイド　ソールローリング

ワンポイントアドバイス

» 股関節はしっかりと開いて、広く使おう
» 腰から上は固定し、動かさず、視線をできるだけ高くしよう
» ヒザをクッションのように柔軟に使おう
» リズミカルに、慣れてきたら少しずつスピードを速くしよう

インサイド

インサイド

ソールローリング

ルーティーントレーニング

相手をだまして抜く技を身につける
ねらい

難易度	★★☆☆☆
時 間	2分
効果の度合い	1ヶ月

ボールさばき
体さばき
スピード
パワー
持久力

≫ 実戦で使えるエリア

Menu 009 ソール引き&インサイド

やり方

1. 斜め前方向の体から少し離した位置へ、ボールを転がす
2. 転がしたボールを、ソールを使って斜め後ろに引く
3. 反対の足にボールが届いたら、インサイドで斜め前へ運ぶ

ポイント

ソールの先でボールを引く

正対する相手に対してボールをさらし、食いついてきたところでボールを引いて足をかわす動きをイメージする。相手に触られないようにボールを引くためには、足の指でボールをつかんで、手前に強く引くようにする

Extra

ミスした"フリ"が大切

ボール保持者が仕掛けるフェイントに対して相手は常に警戒しているが、タッチミスには積極的に奪いにくる。最初のボールをさらす動きは、ミスをしてボールが流れてしまったように見せかけると効果的だ

ワンポイントアドバイス

≫ ボールを引く方向に注意する

ボールをさらした後、真横あるいはプラスの方向にボールを転がしてしまうと、反対の足にボールが渡っても角度がないため、相手に引っかかってしまう。軸足を後ろに下げて、斜め後ろにボールを引くことで、相手誘い出して抜くことができる

真横に引く

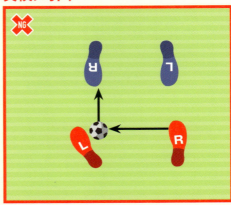

斜め後ろに引く

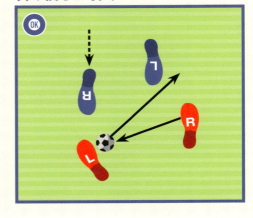

ルーティーントレーニング

相手を食いつかせて逆を取る動きを学ぶ

ねらい

ボールさばき
体さばき
スピード
パワー
持久力

難易度 ★★★★★
時　間　2分
効果の度合い　1ヶ月

≫ 実戦で使えるエリア

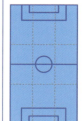

Menu 010 ソール引き&アウトサイド

やり方

1. 斜め前方向の体から少し離した位置へ、ボールを転がす
2. 転がしたボールを、ソールを使って斜め後ろに引く
3. 反対の足にボールが届いたら、一拍置き、アウトサイドでさらに外へ運ぶ

ポイント　一拍置いて、もう一度相手を食いつかせる

ボールをさらした後に手前に引くまでは、Menu009と同じ動き。Menu009では、軸足でボールを受けた後にすかさずにインサイドで抜き去ったが、今回のメニューでは、一拍置くことで、相手が焦ってもう一度食いついてくることを想定する。そこで動きの逆を取って抜き去ることをイメージする。そのためには、しっかりと一拍置き、相手が食いつく時間をつくるようにしよう

ワンポイントアドバイス

≫ 足の切りかえをスムーズに

右足でボールを引いた場合、左足でボールを受けて相手を食いつかせた後、上半身の動きで右へ抜くフリをして左足のアウトサイドに切りかえて左斜め前へ一気に抜き去る。この一連の足の動かし方をしっかりと身につけよう

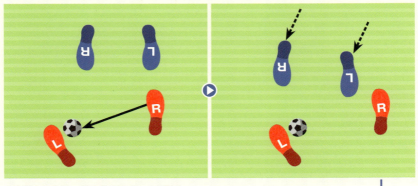

▲右足から左足へ斜め後ろにボールを引く　　▲一拍置いて食いつかせる

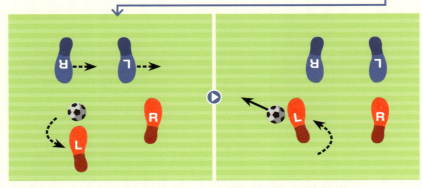

▲上半身は右へ抜けるフリをしながら左足アウトサイドへ切りかえて　　▲相手の逆を取って左方向へ抜く

ルーティーントレーニング

相手を誘い出して空中で抜く感覚を養う

ねらい

ボールさばき
体さばき
スピード
パワー
持久力

難易度 ★★★★★
時　間 2分
効果の度合い 1ヶ月

≫ 実戦で使えるエリア

Menu 011 すくい上げ①

やり方

1. 斜め後ろ方向にドリブルをする
2. 後ろの足でボールをチップキックですくい上げて逆方向へ切りかえす

32

ポイント 小さくて速いモーションで

大きく足を振ってしまうと、相手に動きを読まれて抜くことはできない。ヒザから下を鋭く振って、小さくて速いモーションでボールをすくい上げよう。

ボールの下に足をスッと差し込んでバックスピンをかけるイメージだ

ワンポイントアドバイス

》 **つま先ですくい上げるのも有効**

チップキックのように足は振らずに、つま先の動きだけで柔らかくボールをすくい上げるのもあり。関節のしなやかに動かすことが大切だ。どちらの場合でも、すくい上げた後はスピードに乗って次の動きに移ろう

ここに注意！

》 **ボールを奪われないように相手と距離を取る**

このメニューではディフェンスをつけていないが、実戦では後ろに下がるドリブルに対して相手がついてくる。その動きをイメージして、相手との距離をしっかりと取りながらドリブルしよう

ルーティーントレーニング

柔らかいタッチを使って空中で相手を抜き去る

ねらい

ボールさばき
体さばき
スピード
パワー
持久力

難易度 ★★★★★
時間 2分
効果の度合い 1ヶ月

≫ 実戦で使えるエリア

Menu 012 すくい上げ②

やり方

1. アウトサイドでドリブルをする
2. そのまま斜め前方向へ、アウトサイドの柔らかいタッチでボールをすくい上げる

⚠ ポイント①
3次元の動きで相手を抜く

スライディングでボールを奪いにきた相手を、空中で飛び越えながら抜くことをイメージする。アウトサイドでボールをすくい上げながら、残った足を軸にして自分の体も浮かせてスライディングをかわそう

⚠ ポイント②
股関節をしっかりと開く

チップキックとは違ってボールを蹴るというよりは、ボールを柔らかく持ち上げるように浮かせることを意識する。足首の動きだけではなく、股関節を大きく開きながらボールをすくい上げることが大切

👆 ワンポイントアドバイス

≫ 連続で相手をかわすイメージを持つ

1人目をかわしてタッチが大きくなったところへ、2人目のディフェンスがスライディングタックルを仕掛けてくる状況が考えられる。ゆっくりとボールを運んでいる相手に対してディフェンスがスライディングでボールを奪いにくることは少ないだろう。ただ漠然とボールを浮かせるのではなく、タイミングを意識しながらやってみよう

≫ 縦にも横にもかわせるように

上記の写真ではスライディングに対して縦方向に飛び越えるようにかわしているが、横方向へさらにかわすのもあり。ピッチ内のどの場面なのかなど、状況によって上手に使い分けるようにしよう

ルーティーントレーニング

スピードを意識して細かくボールにタッチする

ねらい

ボールさばき
体さばき
スピード
パワー
持久力

難易度 ★★★★★
時間 10分
効果の度合い 3ヶ月
≫実戦で使えるエリア

Menu **013** ジグザグドリブル

やり方

1. 大股1歩間隔でコーンを6つ並べて、その間を縫うようにドリブルする

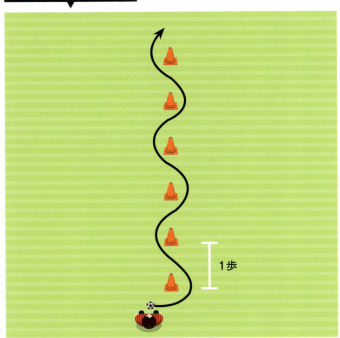

このメニューの動き方

1歩

! ポイント①
スピードを意識する

このメニューでは、ボールコントロールとボディコントロール両方の上達を目的としている。多少は下を向いたままでも良いので、スピードを優先してボールを運ぶことが大切となる

! ポイント②
3人組がちょうど良い

3人組で行うことで、待機している時間が少なくスムーズにトレーニングを進めることができる。トレーニングの効率を考えてメニューを組んだり人数を調整したりすることは非常に重要だ

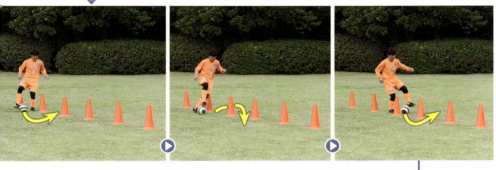

👆 ワンポイントアドバイス

≫ できるだけ多くの種類のタッチを使う

インサイドだけ、アウトサイドだけ、ソールだけでもコーンの間を進むことはできるが、できるだけ多くのタッチを組み合わせてドリブルしよう。使えるタッチの種類が多ければ、プレーのバリエーションが広がる

基礎トレーニング

アウトサイドタッチの感覚を身につける

ボールさばき
体さばき
スピード
パワー
持久力

難易度 ★★★☆☆
時間 5分
効果の度合い 3ヶ月

≫ 実戦で使えるエリア

Menu **014** 横ドリブル

やり方

1. 大股3歩の距離でコーンを2つ設置する
2. その間をアウトサイドでボールを運びながら横に往復移動をする

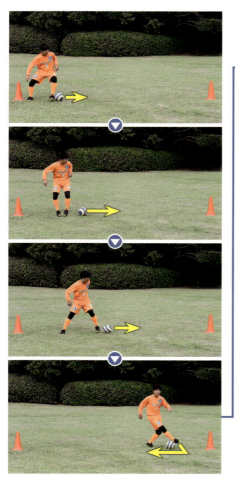

⚠ ポイント①
腰を曲げない
ボールを見ようとするあまりに下を向きがち。前傾しないように、しっかりと前を向いて行う

⚠ ポイント②
股関節の開閉を意識する
股関節を広く開きながらボールを動かす。足首だけでボールを運ばないようにする

⚠ ポイント③
足首の使い方に注意
足首を固定したままボールを蹴ると、ボールは斜め前に転がってしまう。足首を柔らかく使って真横にボールを運ぶ

Arrange
2人組で競争

2人組を作って対面で行い、競争させるのも良い。その際、速さだけに意識が向いてアウトサイドタッチのポイントを疎かにしないように注意する

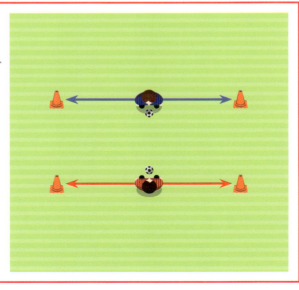

基礎トレーニング

素早い体の動きと
ボール運びを身につける

難易度	★★★☆☆
時間	5分
効果の度合い	3ヶ月

ボールさばき
体さばき
スピード
パワー
持久力

≫ 実戦で使えるエリア

Menu **015** クイックネスターン

やり方

1. 大股3歩四方にコーンを設置する
2. コーンに向かってドリブルし、45度、90度、180度のいずれかのターンをする
3. また別のコーンへ向かいターンする。これを繰り返す

！ポイント　ねらいはクイックネスの向上

スピードを落とさないように、急激な体の動きでターンをすることが重要。シンプルにボールを運びながら、コーンでの素早いターンに意識を集中させよう。その際、いろいろなタッチを試すこと。トレーニングのねらいを理解した上でトレーニングを行うことが大切

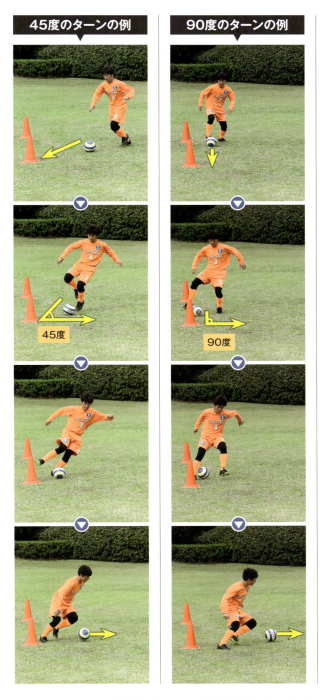

基礎トレーニング

反射的にフェイントを繰り出せるようにする
(ねらい)

難易度	★★★☆☆
時間	5分
効果の度合い	1ヶ月

ボールさばき
体さばき
スピード
パワー
持久力

≫ 実戦で使えるエリア

Menu 016 テクニカルターン

やり方

1. 大股3歩四方にコーンを設置する
2. コーンに向かってドリブルし、フェイントを入れてから45度、90度、180度のいずれかのターンをする
3. また別のコーンへ向かいターンをする。これを繰り返す

❓ なぜ必要?

≫ フェイントを体に染み込ませる

ゲームのなかではドリブルで相手を抜き去ろうとするときにフェイントを使うが、体に染みついていないと、とっさには繰り出すことができない。狭い距離のなかでフェイントを頻繁に使う状況をつくったトレーニングを行うことで、反射的に使えるように鍛える。考えるより先に、体が動くようにしよう

❌ ここに注意!

≫ スピードよりも柔軟性が大切

Menu015はクイックネスを意識したトレーニングであったが、今回はしなやかさを重視する。素早い動きで行うに越したことはないが、スピードを意識しすぎて股関節の開きが悪くなったり、ヒザが伸びたままになったりしないように注意しよう。移動のドリブルは、いつでもフェイントが繰り出せるようにソールを使った細かいタッチが好ましい

👆 ワンポイントアドバイス

≫ さまざまなフェイントを使ってターンをしよう

写真では一例として、45度はシザース、90度はクライフターン、180度はハーフルーレットを繰り出してからターンをしている。これに限らず、さまざまなフェイントを取り入れながらターンへつなげてみよう

基礎トレーニング

実戦を想定した
シザースを身につける

ねらい

| ボールさばき |
| 体さばき |
| スピード |
| パワー |
| 持久力 |

難易度 ★★★☆☆
時　間　5分
効果の度合い　3ヶ月

≫ 実戦で使えるエリア

Menu 017 シザース

やり方

1. 図のようにコーンを配置する
2. 1つ目のコーン間までハーフスピードでドリブルを行う
3. そこを超えたらシザースを3回入れて、その先の2つのコーンをかわす

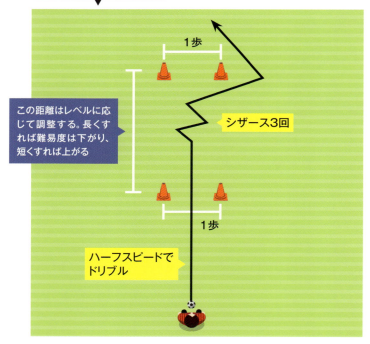

このメニューの動き方

1歩

この距離はレベルに応じて調整する。長くすれば難易度は下がり、短くすれば上がる

シザース3回

1歩

ハーフスピードでドリブル

⚠️ ポイント
筋肉を使いすぎない

素早くボールをまたごうとすると、力が入り、なめらかさを欠いたシザースとなってしまう。筋肉を使って足を動かすのではなく、関節をしなやかに動かしながらボールをまたぐことを意識しよう

力みすぎている

ヒザ下で素早く

👉 ワンポイントアドバイス

≫ 手の動きを制限して 下半身の動きを意識させる

うまくできない選手には、両手を腰の後ろで固定した状態でやらせてみるのが良い。これにより上半身の動きが制限されるため、腰から下の動きに意識が集中する。上半身を使うことができないため、最初のうちは成功するのがより難しくなるが、強制的に関節運動を行うことになるので確実に動きを修正することができる

基礎トレーニング

実戦を想定したステップオーバーを身につける

ねらい

ボールさばき
体さばき
スピード
パワー
持久力

Menu **018** ステップオーバー

難易度 ★★★☆☆
時間 5分
効果の度合い 3ヶ月

≫ 実戦で使えるエリア

やり方

1. 図のようにコーンを配置する
2. ゆっくりとステップオーバーを行いながらドリブルを開始する。
3. 徐々にスピードを上げて奥の2つのコーンをステップオーバーからの切りかえしの動きでかわす

このメニューの動き方

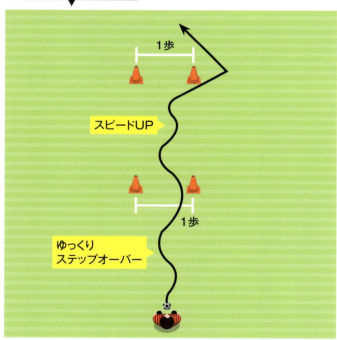

ワンポイントアドバイス

≫ 上半身の動きを大きく

細かくボールをまたぎ上半身はあまり動かさないシザースとは異なり、ステップオーバーは上半身を大きく動かして相手を惑わせることが大切。最初はリラックスして軽く跳ぶようなイメージで、徐々に低くできるようにする。上半身の動きで体を大きく見せたところに、最後はまたいで着地した瞬間に一気に逆方向へアウトサイドで切りかえして抜き去る

上半身を大きく動かす

下半身だけでボールをまたぐ

基礎トレーニング

実戦を想定したルーレットを身につける

ねらい

Menu **019** ルーレット

難易度	★★★☆☆
時間	5分
効果の度合い	3ヶ月

ボールさばき
体さばき
スピード
パワー
持久力

» 実戦で使えるエリア

やり方

1. 図のようにコーンを配置する
2. ドリブルを開始し、最初の2つのコーンを超えたら、回転する側のコーン（左回りなら右側）に向かう
3. 奥の2つのコーンをルーレットでかわす

このメニューの動き方

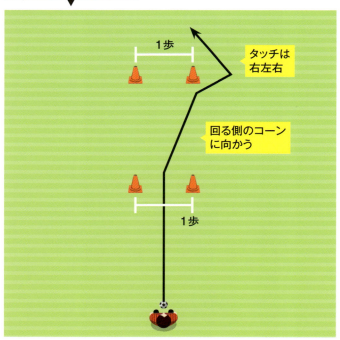

1歩

タッチは右左右

回る側のコーンに向かう

1歩

ポイント
軸がぶれないように回る

スピードに乗った状態で、速い回転を意識する。安定した回転をするためには、頭の位置を動かさずに体の軸がぶれないようにする。また、コーンが相手の足であることを念頭に置いて、ドリブルで向かう方向と回転方向をしっかりと考えて行うことが重要

Extra
足幅を想定した2つのコーン

前方の2つのコーンはディフェンスを見立てている。1m程度の距離をあけて2つのコーンを設置することで、ディフェンスが足を伸ばしてくる状況をイメージすることができる。2つのコーンの間は足を広げた股の間となるので、股抜きをねらってみるのも良い

ワンポイントアドバイス

» ディフェンスの足の前で回る

コーンはディフェンスの足である。左回りの場合は、相手の左足の前でボールを止め、やや後ろにボールを引きながら回転する。そうすることで、ディフェンスとボールの間に自分の体を滑り込ませることができ、相手に奪われないように進むことができる

徹底解説！ルーレット

左回りの場合

▲ボールを軽く前に出し

▲右足でボールを踏む

▲右足を軸にして左回りに体を回転させて

ワンポイントアドバイス

>> 覚えるのが難しい場合は途中からやってみる

回転する方向がわからなくなるなど、足と体の動きがバラバラになってしまい覚えるのに苦労する場合がある。そのときは、まずは④のボールを踏んだ状態からスタートして、1つずつ動きを覚えていこう。ボールのタッチは、右左右（左右左）の3タッチであることも忘れずに。また、ディフェンスに背番号を見せないように回るのもコツだ

ここでは、ルーレットのやり方について細かく解説する。
ひとつひとつのタッチを確認して、実戦で繰り出せるように練習しよう。

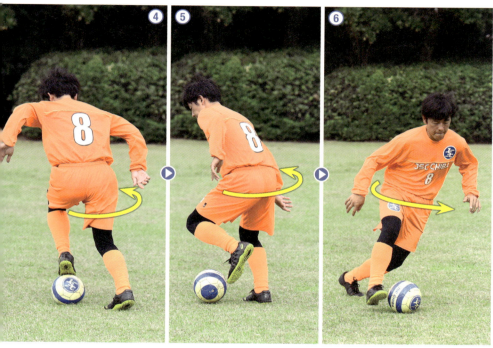

▲足を入れかえて左足でボールを踏む

▲ボールを斜め前へ転がしながら体を反転させて

▲右足でボールを持ち出す

Extra
ルーレットの名手、ジダン

現役選手でも頻繁に使うテクニックだが、ルーレットの名手と言われたのが元フランス代表のジネディーヌ・ジダン選手だ。強靭な肉体と長い足を持っており、かつ抜群のタイミングで繰り出すため、彼のルーレットを止めるのは非常に困難であった。実戦でうまく使いこなせないようであれば、名手のプレーを参考にしてイメージを膨らませてみるのも良いだろう

基礎トレーニング

実戦を想定した エラシコを身につける

ねらい

ボールさばき
体さばき
スピード
パワー
持久力

難易度	★★★★☆
時間	5分
効果の度合い	3ヶ月

≫ 実戦で使えるエリア

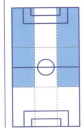

Menu **020** エラシコ

やり方

1. 図のようにコーンを配置する
2. 軽くドリブルをして、エラシコを行う側のコーン（右足なら左側）に向かう
3. コーンをエラシコでかわす

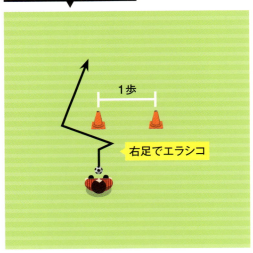

このメニューの動き方

1歩

右足でエラシコ

ワンポイントアドバイス

≫ 難しければストップした状態から

軽くドリブルした状態からスタートしても良いが、うまくいかない場合は写真のようにコーンの前でストップした状態からやってみても良い。自分のやりやすいほうで練習してみよう

52

⚠ ポイント
コーンの内側に入る

足元で小さくエラシコをやっても相手を惑わす効果はない。コーンの内側へ入ってその方向へ抜けると見せかけ、一気に逆方向にボールを弾こう。ボールと足首ではなく、ヒザが先行して入ることをイメージすると内側に入りやすい

Level UP!
ここでも股抜きは可能

股抜きをねらう場合も、右足でエラシコをするなら同じように左側のコーンに向かう。右足アウトサイドで右側へ抜けると見せかけて、ディフェンスが足を出してきたらその股の間をエラシコで通すイメージでやってみよう

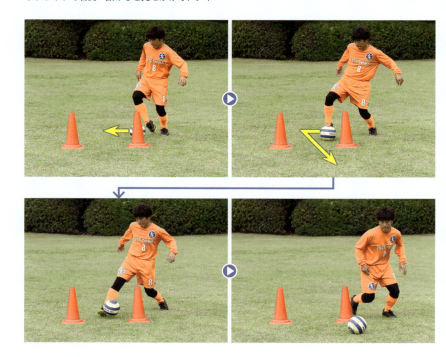

徹底解説！エラシコ

エラシコは、関節の柔軟さが必要とされる難しいテクニックだが、しっかりと動きを知って練習に取り組んでみよう。

右足で行う場合

① ▲ヒザが先行するように、アウトサイドでボールを外へ持ち出す

② ▲股関節を開き、出来るだけ遠いところまでボールを持ち出す

③ ▲ボールの内側から外側へ、空中で足首を返しながら移動させる

④ ▲ボールの外へ足が移った瞬間、ボールの斜め上からタッチしながら着地する

ワンポイントアドバイス

≫ 足の裏を上げるようにタッチする

アウトサイドでタッチする際、足の裏が真下を向いた状態ではエラシコのタッチをすることはできない。足の裏が上がった状態でタッチしよう。また、足の裏を上げるためには足首やヒザの柔軟性だけではなく、股関節も柔らかく使うことが大切だ

▲ボールを弾くように切り返す

▲左足の方向へ進む

徹底解説！マシューズフェイント

マシューズフェイントは、上半身の動きを使って相手を惑わせるテクニック。動きはシンプルであるため身につけるのは難しくないが、相手をしっかりと観察して、重心が片側へ寄った瞬間に抜いていくことがポイントだ。

右足で行う場合

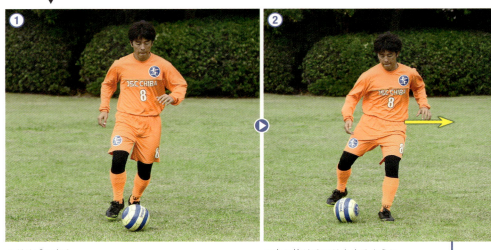

① ▲ドリブルする

② ▲左へ抜けるフリをするように、体重を移動させる

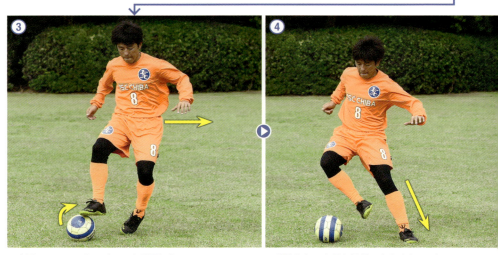

③ ▲右足のソールで左へボールを半回転させる

④ ▲軸足となる左足を外側に大きく出して切り返しの準備をする

ワンポイントアドバイス

≫ 相手の重心移動を確認してから繰り出すこと

写真②の動きで、左側(ディフェンスから見て右側)へ抜けると見せかけることで、ディフェンスの体重が斜め後ろに移動する。動きが小さすぎると相手はついてこない。体重が移動しているのを確認できたら、その後の動きで逆を取るようにボールを運ぼう。図のように、ディフェンス2人を想定したコーンを置いてシュートにつなげるトレーニングを行っても良い

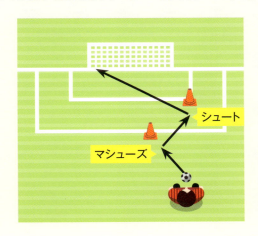

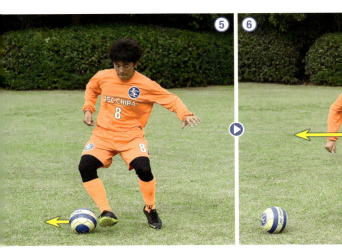

▲右足を素早くアウトサイドのタッチに切りかえる

▲右方向へ一気に持ち出す

徹底解説！クライフターン

右足で行う場合

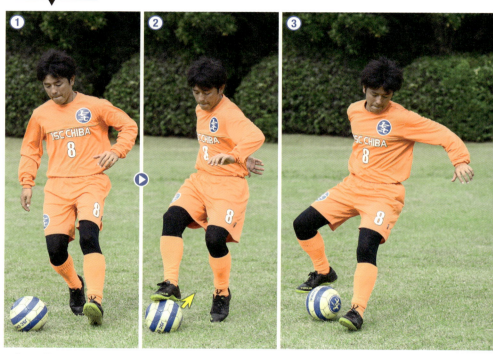

▲右足の外へ軽く持ち出す　▲右足でボールを手前に引く　▲右足インサイドでボールを止める

👆 ワンポイントアドバイス

≫ 狭い局面でも使える

スピードに乗った状態から相手をかわすときに使えるテクニックではあるが、狭い局面でも使うことはできる。たとえば、ゴール前での狭い局面で、相手の体の前に入り込むようにブロックしながら股抜きをねらってみるのも面白い。相手と接近した状態だと、足元が死角になりやすいので成功率は高まる。大胆にやってみよう

オランダの天才、ヨハン・クライフが生み出したテクニックだ。
ボールを後ろに引きながら軸足の後ろ側にボールを通すことで、ディフェンスに奪われないようにターンする。
キックフェイントと組み合わせることでより効果を発揮するターンだ。

▲足をクロスするように、左足の裏へボールを通す

▲方向転換をして左側へボールを持ち出す

Extra
キックフェイントと組み合わせよう

写真②のタイミングでキックフェイントを入れてから、そのまま③の動きにつなげてみよう。特にゴール前では、シュートの動きのキックフェイントであればディフェンスは足を出してくる可能性が高く、逆方向へ抜け出しやすい。中盤やディフェンスラインであれば、縦パスを蹴るフリからターンをしてサイドチェンジへとつなげることもできる

徹底解説！クリロナターン

世界最高峰のドリブラーのひとりであるクリスティアーノ・ロナウドが得意とするテクニック。成功すれば、ハイスピードで並走する相手の逆を取ることができ、一気にボールをゴールへ近づけることができるだろう。

右足で行う場合

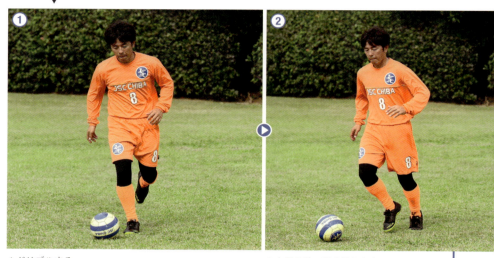

▲ドリブルする　　　　　　　　　　　　　　　　　▲右足の外へ軽く持ち出す

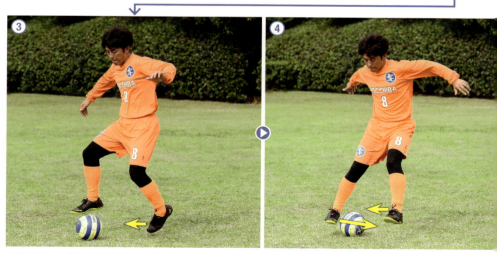

▲軽くジャンプして左足が前、右足が後ろになるように両足をクロスさせる

▲右足の着地と同時にインサイドでボールを弾く。左足はそのボールを避けるイメージで前に出す

Level UP!

シュートにつなげてみよう

クリロナターンは、タッチライン際で相手と並走しながら繰り出して中に切れ込み、一気にシュートにつなげることができる。スピードに乗った状態からその先のスペースを目指して一気に突破するイメージでやってみよう

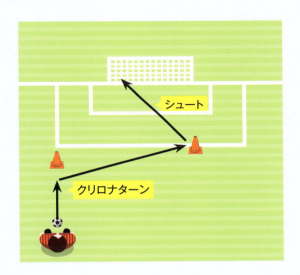

▲右足首は固定して強めにタッチすることが大切。左足（軸足）は進行方向を向いて着地する

▲左足で踏み切ってボールを追う。上体のバランスが崩れないようにしよう

COLUMN 「技」「眼と頭」「体」「心」を一緒に鍛えよう

　本書の冒頭で、ドリブルの上達のためには、ボール及びボディコントロールの技術を高めるだけではなく、「眼と頭」「体」「心」も一緒に育てる必要があると伝えた。この"一緒に"というのは非常に大事だ。この点について、少し具体的に解説する。

　ドリブル技術の向上を選手自身が実感することにより、彼らのなかで「自信」や「余裕」が生まれるだろう。その「心」の面の変化により、相手との「駆け引き」が上達したり、「アイデア」や「演技」を表現できる可能性が高まったりする。つまり、技術の向上が「眼と頭」の力の育成につながるのだ。

　また、メニューのなかで、動きづらさを感じるものは「体幹力」の強化につながり、動きが単純なメニューであっても、速く行うことで「スピード」、長く続けることで「持久力」の強化も同時に行うことができる。

　「状況把握と判断」や「負けん気」「粘り強さ」はなかなか習得しにくい要素であるが、たとえばトレーニングのなかで選手同士の競争を取り入れることで磨くこともできるだろう。

　技術力を磨くことだけをトレーニングの目的としないように、意識を広げてトレーニングに取り組んでいこう。

第2章
ボールキープ力強化トレーニング

テクニックやスピードを武器に相手を抜くだけがドリブルではない。
細かいボールタッチや安定したボディコントロールを強化して、
相手にボールを奪われないスキルを身につけていこう。

ボールキープ力
強化トレーニング
をはじめる前に

❓ なぜ必要？

- ≫ ボールを奪われなければ、失点することはない
- ≫ ボールキープのスキルが高まれば、攻撃時に味方がサポートする時間（数的優位）をつくることができる
- ≫ オフ・ザ・ボールを駆け引きへ発展させることができる

❌ ここに注意！

- ≫ ディフェンスの圧力はレベルに応じて調整する。スキルの向上に合わせて、人数を増やして人口密度の高いトレーニングへつなげる

キープ力のスキルも
ドリブル技術のひとつ

　この章では、ドリブルという大きなくくりからボールキープ力向上に必要なトレーニングを抜き出してトレーニングを紹介していく。なぜボールキープ力を高める必要があるのか？　なぜなら、ディフェンシブ・サード（ピッチを３分割した、自軍に近いエリア）においては、ボールを奪われることが失点に直結するからだ。そのため、より確実な判断力と技術力を磨いて、ボールを奪われないスキルが必要となる。一方でオフェンス時には、味方がサポートのために移動する時間をつくる（数的優位をつくる）目的や、悪い流れを取り戻す目的としてもキープ力は必要不可欠だ。キープ力が高い選手は、アウトサイドやソール使い、引き技の技術力が高く、体幹の強さを活かして体から遠いところでしっかりとボールをキープできるのだ。

　まずはクローズドスキルのメニューから紹介していく。スキルが高まるにつれてディフェンスの圧力を強めて、そこから人口密度の高いミニゲームにつなげ、１人対複数での経験値を増やしていこう。段階的にボールコントロールと体（体幹力）使いの組み合わせ方を身につけていってほしい。また、このスキルが高めることでオフ・ザ・ボールの駆け引きへも発展させていこう。

ボールキープのタッチ
アウトサイドを使ったキープの基本を学ぶ

| ボールさばき |
| 体さばき |

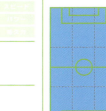

難易度 ★★
時間 5分
効果の度合い 1ヶ月
≫ 実戦で使えるエリア

Menu 021 アウトサイド回り

やり方
1. アウトサイドでボールにタッチしながら回転する
2. 左右それぞれを行う。できるだけボールを見ずに、足の感覚でタッチする。視線は高くし、周囲を見る

ポイント　自分を中心にボールを外周させる

自分を回転の軸として、その周りをボールが動く。自分の位置がずれないようにしよう。
初動の意識は、足の小指に置く

ボールキープのタッチ

ソールを使ったキープの基本を学ぶ

ねらい

`ボールさばき` `体さばき`

難易度 ★★
時間 5分
効果の度合い 1ヶ月

≫実戦で使えるエリア

Menu 022 ソール回り

やり方

1. ソールでボールにタッチしながら回転する
2. 両足を使いながら、左右の回転を組み合わせて行う

⚠ ポイント　体から遠いところで回す

できるだけ股関節を広げて、自分の体から離したところで回転させよう。
両足を使って、回る方向に変化をつけるように。右足は左回り、左足は右回りとなる

ボールキープのタッチ

方向転換の基本を身につける
ねらい

Menu **023** 横ローリングからの3/4回転引き

難易度 ★★★
時間 10分
効果の度合い 1ヶ月
≫実戦で使えるエリア

やり方
1. ソールを使ってボールを横に転がしながらドリブルをする
2. ドリブルの途中でボールを3/4回転させたところで逆方向へボールを引く
3. 反対の足のインサイドを使って逆方向へ運ぶ

3/4回転

3/4回転

ポイント

インサイドキックと同じ動作で相手を惑わす

ボールを3/4回転で引いて戻す際、直前の動き方はインサイドキックでボールを蹴る動作と同じようにする。それにより、蹴る方向へ移動またはパスを出す動きに見せかけて相手を惑わせることができる

ボールを転がすときの足に位置に注意

横方向に転がすとき、足の前部分（つま先に近い部分）でボールにタッチしよう。ボールを引いた後のつま先は、次の進行方向に向けて着地させよう

ボールキープのタッチ

ボールを奪われないように後ろに下がる技術を磨く

ねらい

ボールさばき
体さばき

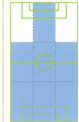

難易度 ★★★
時間 10分
効果の度合い 3ヶ月
≫ 実戦で使えるエリア

Menu **024** ソール斜め後ろドリブル

やり方

1. ソールを使って、ボールに近い足から遠い足へボールを渡す
2. 両足を交互に連続して行い、斜め後ろへドリブルする

❓ なぜ必要？

≫ 相手を誘い出すことができる

このドリブルは、相手を食いつかせることができる。正対する相手を連れ出して、ボールへ足を出させよう。罠を仕掛けることをイメージする

❌ ここに注意！

≫ 反対側の足を先に下げる

ボールから遠いほうの足を先に後ろに下げて、その足に対してボールを受け渡す。先にボールを出してしまうと、テンポ良くドリブルすることはできない

Level UP!

浮かして抜く動きにつなげよう

後ろにドリブルしながら相手を食いつかせて、足を出してきたタイミングでMenu011の動きでボールをすくい上げ、空中で抜き去る動きにつなげてみよう。斜め後ろにボールを下げることで、真後ろに下げるよりもボールが転がる時間をつくることができ、すくい上げやすくなる

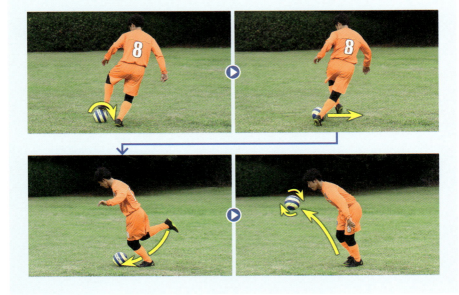

ボールキープのタッチ

周囲を確認しながらドリブルする余裕を持てるようにする

ねらい

ボールさばき
体さばき

難易度 ★★★
時間 10分
効果の度合い 3ヶ月
≫ 実戦で使えるエリア

Menu **025** 前後ジグザグドリブル

やり方
1. 横：大股4歩、縦：大股8歩の距離でコーンを配置してグリッドをつくる
2. 2人同時に、それぞれ斜め前、斜め後ろ方向へジグザグにドリブルする
3. 後進する際も、体の向きは前に固定したまま、首を振って後ろを確認する

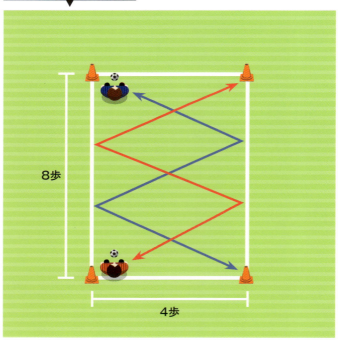

このメニューの動き方

8歩

4歩

❓ なぜ必要？

≫ ボールタッチに集中しすぎず周囲を確認する

2人同時で行うので、周囲を確認せずにドリブルすると衝突してしまう。ボールタッチを意識して頭が下を向きがちにならないようにする。お互いに不規則なリズムでのドリブルであるため、特に後ろ向きでドリブルを行う側は、しっかりと首を振って状況を確認する必要がある

▶下を向いてドリブルしないようにする

❌ ここに注意！

≫ 数のタッチを組み合わせるように

実際のゲームにおいては、1つのタッチだけでボールを運ぶ場面は少ない。インサイド、アウトサイド、ソールなど様々なタッチを組み合わせながらボールを運ぶ。ドリブルのコースはジグザグだが、その間は不規則なリズムで、一直線のドリブルにならないように行う

Level UP!

さらに人数を増やして、難易度を上げてみよう

Extra
ボールタッチの種類は指定しない

今回のトレーニングでは、ジグザグのコースを進むことを指定する以外、選手の自主性に任せて行うのが良い。どのようなボールタッチならスムーズにボールを運べるのか、素早くボールを止めて曲がることができるのか、また衝突しないようにドリブルをするためにはどうすべきか、まずは選手自身に考えさせてコツを掴んでもらうことが大切

ボールキープのタッチ

足首とヒザを柔らかく使ってボールを動かす

ねらい

ボールさばき
体さばき

難易度 ★★★
時間 15分
効果の度合い 1ヶ月

≫ 実戦で使えるエリア

Menu 026 8の字ドリブル

やり方

1. 大股2歩の距離にコーンを2つ設置する
2. 2人同時にコーンの間を8の字でドリブルする。ルートはさまざまなパターンで行う

ポイント
足首とヒザの柔らかさを使う

狭いなかでのドリブルとなるため、足首を柔軟に使って細かく進行方向を変えながらボールにタッチする必要がある。足首をしっかりと返し、連動するようにヒザも開くため両方の柔軟性が身につく

ここに注意！
≫ やりすぎないように

8の字の動きは前後左右に細かく動くため、やりすぎると目が回ってしまう。目的をしっかりと意識しながら、短い時間で切って行うようにしよう

動きのパターン

シンプルな8の字だけではなく、縦と横の組み合わせ、視線の向ける方向などさまざまなパターンでやってみよう

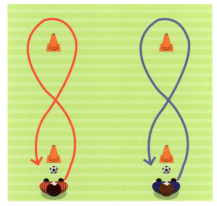

①視線を前に向けた状態で縦に8の字

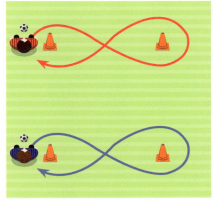

②視線を前に向けた状態で横に8の字

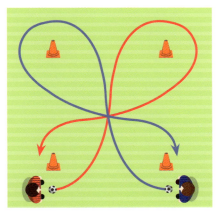

③視線を進行方向に向けた状態で
2人同時に斜めに8の字

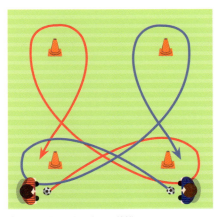

④視線を進行方向に向けた状態で
横と縦を組み合わせた8の字

Extra

**③と④は、2人が交差するときにスムーズに
お互いをかわす判断力もトレーニングできる**

Arrange
競争させてみるのも良い

2人が同時にスタートしてスピードを競争する、正反対の位置からスタートして鬼ごっこのように競争する、片方が自由に動くのをすぐ後ろから追いかけるなど、競争を取り入れながら行うのも良い

正反対の位置からスタートして鬼ごっこ

正反対の位置からスタート。背中にタッチしたほうが勝ちというルールにしたり、30秒勝負や3周勝負としたりしても良いだろう

自由に動く相手を追いかける

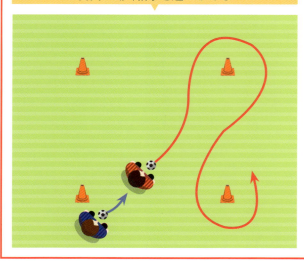

1人が自由に8の字のルートを進み、その後ろを追いかけるようにもう1人がついていく。20秒など時間を区切って、相手を振りきれたて勝負を決める

\参考！/
コーンを各自に持たせよう

コーチがグリッドの広さを決めてすべてのコーンを準備している姿をよく見かけるが、それにより選手の待ち時間ができてしまうと練習効率が悪くなってしまう。練習中は、選手がそれぞれコーンを2つ持って移動し、人数の組み合わせによってトレーニングメニューを組み立てていくことで効率よく時間を使うことができる。

コーンを2つ持って

1人組

並べて個人トレーニング

2人組

3人組

縦に並べて順番に進む

グリッドをつくって 1VS1

ボールキープのタッチ

奪われないボール
コントロールを身につける

ねらい

ボールさばき
体さばき
スピード

難易度 ★★★
時間 10分
効果の度合い 3ヶ月

≫ 実戦で使えるエリア

Menu 027　1vs1のボールキープ①

やり方

1. 大股4歩四方にコーンを設置してグリッドをつくる
2. グリッド内でボールを奪われないようにキープする
3. ディフェンスは、オフェンスに対して体をぶつけてはいけない

! ポイント　ボールコントロールでキープする

ボディコンタクトを禁止しているので、ボールコントロールに集中できる。ディフェンスから逃げるようにボールを運ぼう

軽やかなボールコントロールが身につく

ボディコンタクトを気にせずに力を抜いてドリブルすることができるので、軽やかにボールを動かすことに意識を向けられる。細かいターンを駆使しながら、ディフェンスが出してくる足をかわしていこう。ただ逃げ回るだけでなく、さまざまなタッチを使いこなすことも大切だ

ここに注意!

ディフェンスは回り込むように奪う

体をぶつけてボールを奪うのではなく、素早く回り込んでボールを奪いにいこう

オフェンスは積極的に逃げ回る

ただキープするだけでは何も身につかない。積極的にボールを動かしてディフェンスから逃げよう。ボールコントロールの上達が目的であることを忘れずに

Extra

運動能力が高い子にはしなやかさを意識させる

関節可動や重心移動が未熟だが、筋力が早熟な子どもはどのチームにも必ずおり、そういう強くて速い日本人の子どもほど不器用な選手も多い。彼らには、直線的で端的なトレーニングよりも、このメニューのような曲線的な動きで連続性のあるトレーニングを多くしてみよう。しなやかでスムーズなスピードを要求すると良いだろう

ボールキープのタッチ

体幹を使って
ボールをキープする

ボールさばき
体さばき
パワー

≫ 実戦で使えるエリア

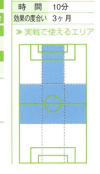

Menu 028　1vs1のボールキープ②

やり方

1. 大股3歩四方にコーンを設置してグリッドをつくる
2. グリッド内でボールを奪われないようにキープする
3. ディフェンスは、オフェンスの体を押すようにしてボールを奪いにいく

! ポイント　パワーの獲得が目的

ボールコントロールではなく、体幹を使ってパワーをつけることがこの
トレーニングの目的であることを忘れないように

ワンポイントアドバイス

- ≫ 重心を低くしてキープしよう
- ≫ 体重を相手に預けよう
- ≫ 遠い足を使ってボールをキープしよう

ここに注意！

≫ **ディフェンスはボールと体の間に入り込む**

このトレーニングでは、体幹を使ったボールキープが目的だ。ディフェンスは足を出してボールを奪いにいくのではなく、オフェンスに対して体をすり寄せて、下から上に押し上げるようにしよう。そうすることで、相手の重心（腰の高さ）を高く移動させて、バランスを崩させる。ボールを使った「おしくらまんじゅう」のイメージだ

ターン

ソールを使った素早いターンを学ぶ

`ボールさばき` `体さばき`

Menu 029 ターン（ソール）

難易度 ★★
時間 2分
効果の度合い 1ヶ月

≫ 実戦で使えるエリア

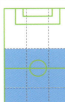

やり方

1. 図のようにコーンを配置する
2. 正面の２つのコーンに対してドリブルをし、コーンの寸前でソールを使ってフルターンをする

ソール

このメニューの動き方

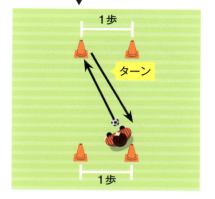

⚠ ポイント①
引きながらダッシュの1歩目となるように

ボールを引いた足が着地する際、つま先の向きが大切。ターンの後の進行方向へしっかりと向けて、ダッシュの1歩目となるようにしよう。そのためには、ボールを大きく引くようにする

⚠ ポイント②
ボールはディフェンスの視界から消えるように

ターンをした後は、自分の体でボールを隠すようにボールを置こう。すぐにディフェンスに足を出させないようにすることが目的だ

ターン

インサイドを使った素早いターンを学ぶ

ねらい

Menu **030** ターン（インサイド）

ボールさばき
体さばき

難易度	★★
時間	2分
効果の度合い	1ヶ月

≫ 実戦で使えるエリア

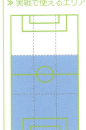

やり方

1. 図のようにコーンを配置する
2. 正面の2つのコーンに対してドリブルをし、コーンの寸前でインサイドを使ってターンをして、逆足アウトサイドでスピードを上げる

インサイド

アウトサイド

このメニューの動き方

ポイント① ボールは180度以上戻るように

ボールが戻る角度が180度以下であると、相手からボールが見えている状態なので有効なターンとはならない。200度程度を意識してターンをしよう

160度のターン

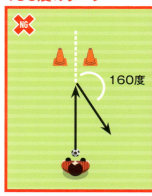

200度のターン

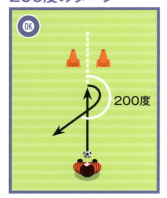

ポイント②

尻を使って相手をブロックする

ターンの後は、尻を突き出して奥行きをつくり、ディフェンスの動きをブロックする。右足インサイドでターンをしたら、すぐに左足のアウトサイドのタッチでスピードに乗ろう（写真は、右足でターンをした瞬間）

ターン

アウトサイドを使った素早いターンを学ぶ

ボールさばき
体さばき

難易度 ★★★
時間 2分
効果の度合い 1ヶ月

≫実戦で使えるエリア

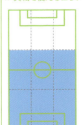

Menu **031** ターン（アウトサイド）

やり方
1. 図のようにコーンを配置する
2. 正面の2つのコーンに対してドリブルをし、コーンの寸前でアウトサイドを使ってターンをする

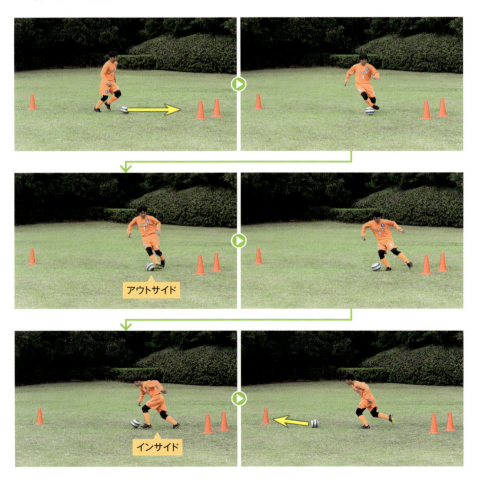

アウトサイド

インサイド

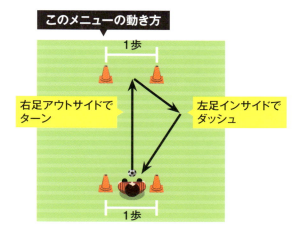

このメニューの動き方

1歩

右足アウトサイドでターン　　左足インサイドでダッシュ

1歩

⚠ ポイント

2タッチで1セット

アウトサイドから反対の足のインサイドの2タッチで1セットと考えよう。アウトサイドでは1回のタッチだけで真後ろを向くとスピードに乗りにくいので、素早くインサイドで持ち出すほうが良い

👆 ワンポイントアドバイス

≫ ターン後の進路は内側に入る

ターンをすると、ディフェンスはその後ろからすぐに追ってくる。斜め後ろにアウトサイドでターンをしたら、左足のインサイドを使って内側に入ろう。そうすることで、ディフェンスの進路をふさぐことができる

ターン

インまたぎを使った素早いターンを学ぶ

ねらい

Menu 032 ターン(インまたぎ)

難易度 ★★★
時間 5分
効果の度合い 1ヶ月

≫ 実戦で使えるエリア

ボールさばき
体さばき

やり方

1. Menu29と同じようにコーンを配置する
2. 正面の2つのコーンに対してドリブルをし、コーンの寸前でインサイドでまたいでからターンをする

インまたぎ

ステップの踏み方

1. ステップオーバーのように右足インサイドでボールをまたぐ

2. 着地した右足を軸として、右足の軌道を戻るイメージで左足を動かす

3. 左足インサイドでタッチして、ボールを運ぶ。2タッチ目で内側に入り、ディフェンスをブロックしよう

ワンポイントアドバイス

>> 大きなインまたぎで相手の重心を動かす

Menu018でステップオーバーの動きを紹介したが、ここでも意識するポイントは同じ。足元で小さくまたぐのではなく、ゆったりと上半身も使ってまたぐことで斜め前へ進むように相手を騙す。相手の重心が後ろへ移動したら、体をひねって逆足のインサイドでターンをしよう

ターン

アウトまたぎを使った素早いターンを学ぶ

ねらい

Menu 033 ターン（アウトまたぎ）

難易度	★★★
時間	5分
効果の度合い	1ヶ月

≫ 実戦で使えるエリア

やり方

1. Menu29と同じようにコーンを配置する
2. 正面の２つのコーンに対してドリブルをし、コーンの寸前でアウトサイドでまたいでからターンをする

アウトまたぎ

ステップの踏み方

1 シザースのように左足アウトサイドでボールをまたぐ

2 着地した左足を軸として、左足の軌道を戻すイメージで右足を動かす

3 右足アウトサイドでタッチして、ボールを運ぶ。2タッチ目で内側に入り、ディフェンスをブロックしよう

👉 ワンポイントアドバイス

≫ インサイドと要領は同じ

基本的な足の運び方は、インとアウトが逆になる以外はMenu032と同じ動きだ。アウトサイドでまたぐ際に、斜め前へ進むような動きで

相手の重心を後ろに寄せてから、逆の足でターンをしよう

ターン

ハーフルーレットを使った素早いターンを学ぶ

ねらい

Menu **034** ターン（ハーフルーレット）

やり方

1. Menu29と同じようにコーンを配置する
2. 正面の2つのコーンに対してドリブルをし、コーンの寸前でハーフルーレットでフルターンをする

ハーフルーレット

ステップの踏み方

1. 右足でボールを踏む
2. 右足から左足に切りかえるように、軽くジャンプをしながら体を反転させる
3. 左足をボールの上から下に落とす
4. 右足のアウトサイドでボールを運ぶ

❌ ここに注意!

≫ ボールを踏んだ足の着地位置に注意

最初にボールを踏んだ後、左足へ切りかえるタイミングで、右足は次の動きの軸足となる。そのため、最初の進行方向から見てボールの奥に必ず置くようにする。ボールの近くに置いてしまうと、次の一歩が出にくくなってしまう。

COLUMN 「体さばき」はテクニックだ

　ここまで紹介したメニューのなかで、「体」という言葉をいくつか使ってきた。「体」と言うと、フィジカルトレーニングで鍛えるようなイメージが一般的にはあるのではないだろうか。もちろんその要素を含んではいるのだが、もう少し細かく「体」についての捉え方を整理する。本書のなかで出てくる「体さばき」とは、上手な重心移動や、しなやかな動きなど、自由自在に体を動かせることであり、「強さ」というよりは、「上手さ」と表現すべきことである。つまり、フィジカル（体）ではなくテクニック（技）であると理解いただきたい。このテクニックの部分は、広い関節可動域と柔軟な筋肉などによってもたらされるものであり、メンテナンスによって維持する部分だ。また、全ての技術トレーニングにおいて必要不可欠なものでもある。

　一方で、フィジカルと称される部分は、スピード、体幹、持久力など強さや速さの要素を持つものであり、強化する部分である。技術トレーニングと一緒に強化できる部分もあるが、全ての技術トレーニングをフィジカル強化とセットで行うことは不可能である。そのため、体の成長過程に合わせて個別に筋力トレーニングなどを行う必要があるのだ。

　自由自在に体を動かすことができない場合は、力で体を動かそうとするのではなく、しなやかに体を動かすテクニックを身につける意識を持ってみると良いだろう。

第3章
球際強化トレーニング

ゲームのなかでは、相手と激しくボールを奪い合うシーンは多い。
そういった局面で、いかにしてマイボールにするかは大切。
この章で紹介するトレーニングを積んで、球際の強さを鍛えよう。

球際強化
トレーニング
をはじめる前に

❓ なぜ必要？

- 「ミスや想定外」の状況から
  リカバリーする環境でトレーニングを積む
- 「触られても奪われない」力を身につける
- ゲームのなかでルーズボールは
  必ず発生する。そこでマイボールに
  できるかが、ゲームの勝敗を左右する

❌ ここに注意！

- 接触プレーが必然的に発生する
  トレーニングとなる。ケガに注意しよう
- ヒザ同士の接触は避けるよう、
  指導者は特に注意すること

想定外の事態に
対応できる強さを磨く

　この章では球際の強さと速さを高めるために必要なトレーニングを紹介していく。球際を強化するトレーニングの特徴は、「ミスや想定外」の状況からリカバリーする環境をつくり出すことにある。

　たとえば、ディフェンスを抜く際の理想の形はボールに「触らせない」ではあるが、その理想の下で「触られる」ことを失敗としないためには、「触られても奪われない」力が必要だ。サッカーのゲームではミスや想定外の事態が必ず発生し、常に理想通りにいくわけではない。そのため、リカバリー能力も高めておく必要があるのだ。昨今の日本代表でも、「球際の強さ」を指摘する声があるが、ポゼッションサッカーを指向する日本で求められる「球際」とは、相手のドリブラーに対するディフェンシブな面での「球際の弱さ」を指摘しているものとも言えるだろう。サッカーのなかにドリブルとルーズボールが存在する限り、球際の強化は必要不可欠なトレーニングなのである。

　ただし、選手同士が激しく接触することがあり、ケガのリスクが高いトレーニングであるので指導者は注意すること。特にヒザ同士の接触を避けるような体の当て方を意識させてほしい。

球際強化

相手を連れ出してから のドリブルを磨く

ねらい

体さばき

パワー

難易度 ★★★★
時　間　15分
効果の度合い　3ヶ月

≫ 実戦で使えるエリア

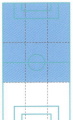

Menu 035 後ろに誘って突破

やり方

1. 大股3四方にコーンを配置してグリッドをつくる。オフェンスはグリッドの外でボールを持つ。ディフェンスをグリッド内の奥の辺上に配置する
2. オフェンスはドリブルでグリッド内に進入し、ディフェンスの前で止まる
3. 斜め後ろにボールを引きながらドリブルをする。オフェンスが後ろにボールを引きはじめたら、ディフェンスはダッシュでボールを奪いにいく
4. ディフェンスが寄せる寸前に、斜め前へ持ち出して抜き去る

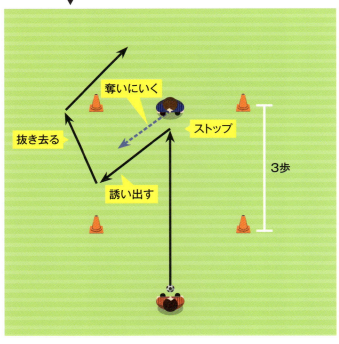

このメニューの動き方

> **ポイント**

抜き去った後は中に切り込む

ディフェンスの真後ろにはチャンスがある。斜め前へのタッチで相手をかわしたら、真っ直ぐ縦へいくのではなく、中に切り込んでそのスペースへ進入していくことが大切。ただ相手を抜くことに満足せず、次のプレーを意識した突破を目指す。ディフェンスは、奥のコーンのラインを越えられるまではプレーを続けよう

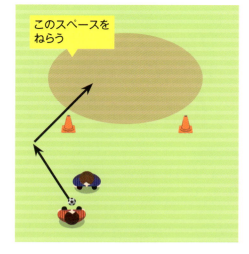

このスペースをねらう

Extra
周りが見えなくならないように

実際のゲームでは、前へ前へと進む意識が強すぎて、周りが見えずに相手に対して強引に勝負を仕掛けてしまいがちな選手がいる。時間を掛けずにゴールを目指すことは大切だが、一旦ボールを止めて、冷静に相手を誘い出して抜いていく価値感を覚えるねらいもこのトレーニングにはある

Level UP!

ゴールへの最短距離をねらう

グリッドの外を回りながら相手を抜き去る動きでも良いが、より速くボールをゴールに近づけるためには最短距離を進むほうが良い。グリッドの中でかわすことができるなら、そこをねらおう

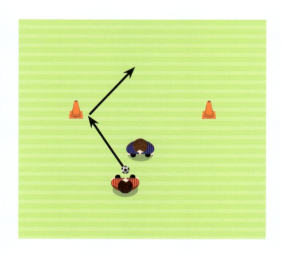

球際強化		難易度 ★★★★
		時間 15分
		効果の度合い 3ヶ月

ファーストタッチを意識して1vs1の勝負を仕掛ける

ねらい

ボールさばき / 体さばき / スピード / パワー

> 実戦で使えるエリア

Menu 036　ファーストタッチからの1vs1

やり方

1. 横：大股4歩、縦8歩にコーンを配置してグリッドをつくる
2. オフェンスとディフェンスが向き合い、ディフェンスからのパスを受けたオフェンスが1vs1の勝負を仕掛けて、奥のコーンのラインの突破を目指す

！ポイント　短時間で決着をつける

勝負は長引かせないように。オフェンスは積極的にドリブル突破を試みよう

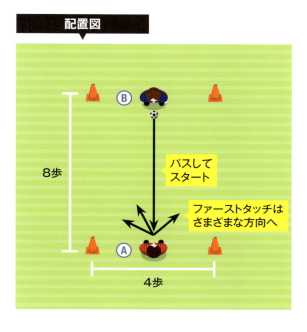

❓ なぜ必要？

≫ 1vs1の勝負のはじまりのパターンは無数にある

ドリブルでディフェンスに対して突破を仕掛ける場面は、全てが足元にボールを保持している状態からスタートするとは限らない。ファーストタッチのタイミングから勝負ははじまっている。相手の動きをしっかりと確認しながら、どのようなファーストタッチが有効かを判断しよう

❌ ここに注意！

≫ ディフェンスが待ち受けるのは禁止

ディフェンスが積極的に向かってこないと、オフェンスがファーストタッチの判断を行うトレーニングにはならない。待ち受けてディレイさせる（遅らせる）ディフェンスではなく、ボールを奪いにいこう

ワンポイントアドバイス

≫ ファーストタッチの組み合わせはいろいろ試す

ディフェンスからのパスと、オフェンスのファーストタッチは全て一定である必要はない。以下のように、いろいろな組み合わせを試してみよう。また、パターンに合わせてディフェンスとオフェンスの距離も調整しよう

パターン①

グラウンダー→インステップコントロール

グラウンダーのパスに対して、インステップで正確にコントロールしよう。最も基本的なパターンだ

パターン②

胸の高さ→胸トラップ

胸の高さへのパスは、手で投げてもボレーで蹴ってもどちらでも良い。しっかりと勢いを吸収しよう

パターン③
ヒザの高さ→インステップorアウトサイドorインサイド

ヒザの高さに対してはさまざまなタッチが可能だ。足元に止めるのか、相手に向かって持ち出すのかの判断が大切

パターン④
頭の高さ→ヘディングトラップ

頭の高さへのボールは浮く時間が長いぶん、ディフェンスが詰めてきやすい。相手の位置を確認してボールを落としたり、あえて浮かせて上からも抜ける

球際強化

相手が急に出してきた足をかわす

ねらい

| 体さばき |
| スピード |
| パワー |

難易度 ★★★★
時間 15分
効果の度合い 3ヶ月

≫ 実戦で使えるエリア

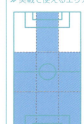

Menu 037 縦列からの1vs1①

やり方

1. オフェンスとディフェンスが前後に並ぶ
2. オフェンスはダッシュでドリブルし、ディフェンスはその後ろをついていく
3. オフェンスは急にフルターンをする
4. ディフェンスはターンのタイミングをねらってボールへ足を出す。オフェンスはそれをかわして突破する

ワンポイントアドバイス

≫ 素早く、鋭くターンをする

ディフェンスはターンをする瞬間を常にねらいながら後ろからついてくるため、それを振り切ってからターンをするか、ディフェンスがボールに触れにくくなるような鋭いターンをしよう。懐の深いターンを目指すのも良い。ボールが見えやすいようなターンをしてしまうと、ディフェンスに簡単に突かれてしまう

ターンが甘い

≫ 接触しても勝負は続ける

ディフェンスに触れないようにかわすことがベスト、触れたらそこで負けないようにボールを運ぶことがベターだ。どちらかのボールになるまで勝負を続けて、球際の強さを身につけるトレーニングにしよう

❌ ここに注意！

≫ ディフェンスは必ず足を出す

このメニューは、オフェンスがいかにして、ディフェンスが出してくる足をかわすことができるかという点が大切。ディフェンスが、抜かせないために対峙したり、体を使ってボールを奪いにいったりするのはNG。ボールを突くように足を出すことで、トレーニングの目的がはたされる

≫ ディフェンスは離されないようについていく

オフェンスはターンをするスペースを確保するために、スピードの変化でディフェンスを振り切ろうとする。そのドリブルに離されないようにディフェンスはついていくこと。実戦のなかで、後ろを向いている相手に簡単に振り向かれてしまうと、状況によっては一気にピンチとなる

球際強化

焦った状況から相手の出してきた足をかわす

ねらい

体さばき
スピード
パワー

Menu 038 縦列からの1vs1②

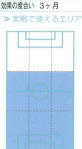

難易度	★★★★
時間	15分
効果の度合い	3ヶ月

≫ 実戦で使えるエリア

やり方

1. 横：大股3歩、縦：大股6歩にコーン配置してグリッドをつくる
2. ボールを持ったディフェンスの前に、オフェンスが同じ方向を向いて股を広げた状態でグリッドの短辺上に立つ。
3. ディフェンスがオフェンスの股下を通してボールを転がす
4. オフェンスはボールに追いつき、フルターンをする。ディフェンスは後ろからオフェンスを追う
5. ディフェンスはターンのタイミングをねらってボールへ足を出す。オフェンスはそれをかわして突破する

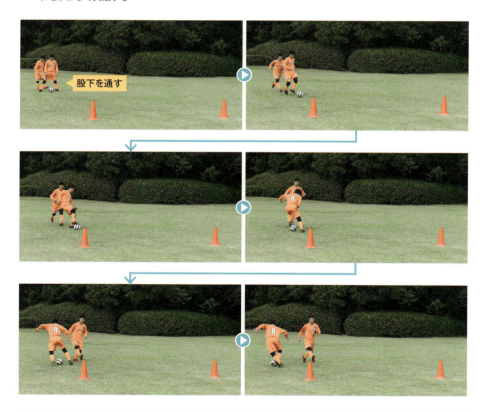

股下を通す

 **なぜ必要?**

≫ 焦った状況をつくり出して実戦を想定したトレーニングにする

オフェンスはボールを蹴る瞬間が見えない。そのため、急に転がり出したボールを追うことになる。つまり、ボールを探すために焦っている状況をつくり出している。オフェンス主導でボールを動かしたMenu037と異なり、主導権がディフェンスにあり、思うようなプレーがしにくい状況でも、冷静に対処することができるかが大切

≫ 「眼と頭」を鍛えることができる

ディフェンスが蹴ったボールに素早く反応できるように、オフェンスは集中して準備をする必要がある。ドリブルのトレーニングメニューではあるが、ボールや体のテクニックだけではなく、「眼と頭」といった要素も鍛えるトレーニングだ

 ここに注意!

≫ グリッドの中心を目安にしっかりとボールを転がす

ディフェンスが蹴るボールが、短すぎたり長すぎたりするとトレーニングの目的をはたすことはできない。グリッドの中心あたりを目安に、オフェンスがダッシュをして追いつきターンできるような強さでボールを蹴ろう

長すぎる

≫ ディフェンスはボールを奪ってゴールへ進む

オフェンスがターンをした後に接触してボールの奪い合いになったら、ディフェンスもしっかりとマイボールにして反対側へ運ぶようにしよう。ただし、これは球際勝負のトレーニングであるため、長引いて1vs1の抜き合いのようになってしまうとメニューのねらいから逸れてしまうので注意すること

| 球際強化

ボールの奪い合いを制する力をつける

体さばき / パワー

難易度 ★★★★
時間 10分
効果の度合い 3ヶ月

≫ 実戦で使えるエリア

Menu 039 長座からの球際1vs1

やり方

1. 2人が長座で背中合わせに座り、その間にボールを置く
2. それぞれの大股3歩先あたりにコーンを2つ並べて、ゴールをつくる
3. 合図で立ち上がり、ボールを奪ってゴールを目指す

⚠ ポイント　反対側のゴールを目指す

ボールを奪ったら、反対側（長座の体勢での背中を向けていた側）のゴールを目指そう
左右をゴールとするパターンでも良いだろう

球際での強さを身につける

ドリブルで相手を抜くために必要な力はテクニックやスピードだけではない。球際での競り合いを制してボールを奪う力も必要だ。ボールを自分のものにするための技術とパワーを身につけよう

ボールテクニック以外の力を強化する

合図に対する反応、難しい体勢から素早く立ち上がるボディコントロール、1VS1で負けないという気持ちなど、ボールを使った技術以外の力も磨くことができる。「眼と頭」「体」「心」の力をバランス良く身につけよう

Arrange
立った状態でのスタートもやってみよう

立って背を向けた状態から行うのもあり。長座から立ち上がるという動作がなくなるが、より実戦を意識したトレーニングとすることができる。ボールからの距離を調整したり、グリッドを大股1歩や2歩四方にしたりするのも実戦的だ

球際強化	難易度 ★★★★
	時間　15分
	効果の度合い　3ヶ月

スピードを意識して球際の強さを強化する

体さばき / スピード / パワー

≫ 実戦で使えるエリア

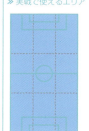

Menu 040　ダッシュからの球際1vs1

やり方

1. 横：大股6歩、縦：大股3歩の距離にコーンを設置してグリッドをつくる
2. 横の辺上に2人を配置する
3. コーチなどが、2人の中間地点へボールを転がす
4. 2人はボールに追いつき、自分がスタートしたほうの辺を目指してドリブルでボールを運ぶ

⚠ ポイント　恐怖心に負けない

双方がトップスピードでボールに向かって走るので、最初は恐怖心が伴うが、相手を恐れていては球際で強くはならない

配置図

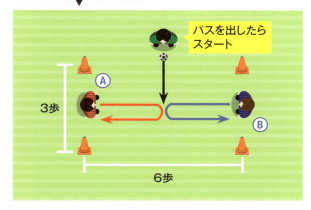

中央からコーチがボールを配球し、両方向から選手がボールを追う。中央にボールを置いた状態からスタートしても良いだろう。グリッドを広げすぎると、スピードの差で勝敗が簡単に決してしまうので、球際でボールを奪い合える広さに調整しよう

ワンポイントアドバイス

≫ スピードを意識しよう

球際に強くなるためには、ルーズボールなどに素早く反応し、相手より一瞬でも早くボールに触れる必要がある。ダッシュでボールに追いつき、自分のボールにしやすい体勢をつくろう

Arrange
目指すゴールを変えてみよう

自分のスタートした辺に戻るだけではなく、反対側の辺や左右の辺をゴールとして行うのも良い

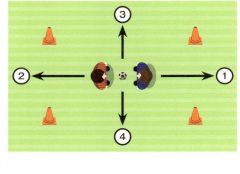

球際強化

体を使って浮き球をキープする

ねらい

体さばき

パワー

難易度	★★★★
時間	15分
効果の度合い	3ヶ月

≫ 実戦で使えるエリア

Menu 041　浮き球からの1vs1

やり方

1. ディフェンスがボールを手に持ち、オフェンスはその前に立つ
2. ディフェンスはオフェンスの肩越しにボールを投げる
3. オフェンスは体を使ってボールをコントロールして、ディフェンスを抜きにいく

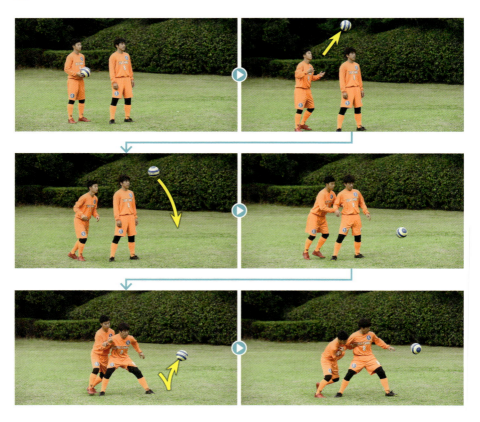

ポイント　あえて抜きにいく

球際で浮き球をコントロールしてあえて抜きにいくことで、球際環境をつくることができる

 なぜ必要?

》 浮き球をコントロールする

ロングボールのこぼれ球など、浮き球を相手と奪い合うシーンは実戦においても多い。体を使って相手をブロックする環境をつくることで、ルーズボールをマイボールにする確率を高めるためのトレーニングを行う

ここに注意!

》 長時間の勝負にならないように

このトレーニングは、相手との競り合いのなかで浮き球をコントロールする力を身につけることが目的である。キープした後に抜きにいくのは実戦を意識する上で良いが、長時間の勝負になると目的から逸れてしまう。小刻みに何回もやるようにしよう

ワンポイントアドバイス

》 ディフェンスは回り込むように

オフェンスを後ろから追うことになるので、ディフェンスは横から回り込むようにボールを奪いにいこう。逆にオフェンスは、体をしっかりと使ってブロックする

》 上から抜くのもあり

浮き球であるため、相手の頭上を抜くこともできる。足元でしっかりとコントロールすることも大切だが、ディフェンスに隙があれば上から抜くことも意識しよう

113

球際強化

セカンドボールを制する力をつける

ボールさばき
スピード
パワー

難易度 ★★★★
時間 20分
効果の度合い 1ヶ月

≫ 実戦で使えるエリア

Menu 042 「1vs1」+「1vs1」

やり方

1. 横：大股3歩、縦：大股8歩にコーンを配置し、グリッドをつくる
2. 短辺に2人ずつ配置し、縦に並ぶ。短辺のどちらかの選手がボールを持つ
3. ボールを持った選手が、反対側の辺を目指してドリブルを仕掛ける
4. ボールを持っていない側の選手1人がディフェンスとなり突破をふせぐ。抜かれたら、もう1人がボールを奪いにいく
5. 抜かれた選手はパートナーの後ろに回り込む
6. ボールを奪ったら攻守交代となる。どちらかが短辺を突破するまで続ける
7. 後ろの選手は、前の選手が抜かれるまでは奪いにいってはいけない

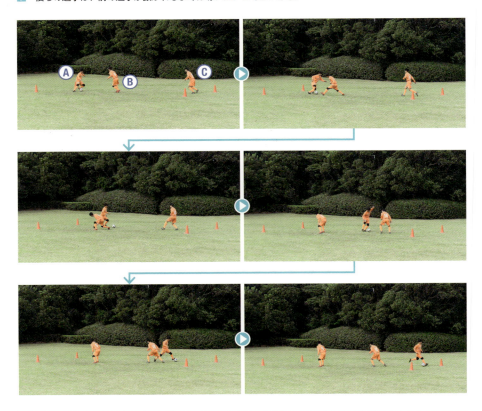

配置図

それぞれの辺に2人ずつ配置して、グリッド内は常に1VS1の状況となる。どちらかの辺を突破するまで続けよう

ワンポイントアドバイス

≫ 連続で相手を抜いていこう

勝負に勝つためには、連続で2人を突破する必要がある。1人目は余裕を持って抜き、常に2人目を意識しよう

≫ 素早い攻守の切りかえを意識する

相手に抜かれたらすぐにカバーへと戻ること。もたもたしていると、一気に相手に突破されてしまう

≫ 仲間がいることを忘れずに

このトレーニングは局面では1VS1だが、勝負としては2VS2である。仲間がいることを意識しよう

ここに注意！

≫ ディフェンスは2人同時にプレーしない

あくまで1VS1の勝負。前の選手が抜かれてから、もう1人はボールを奪いにいくようにすること

球際強化

複数のディフェンスにも奪われない力をつける

ボールさばき / スピード / パワー

Menu **043** 1vs1vs1

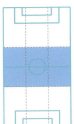

難易度 ★★★★★
時間 15分
効果の度合い 3ヶ月
≫ 実戦で使えるエリア

やり方

1. 大股4歩四方にコーンを設置してグリッドをつくる
2. グリッド内に3人を配置し、中間にボールを設置する
3. 合図で動き出し、3人でボールを奪い合う

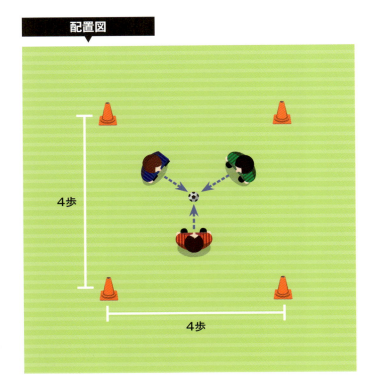

配置図

4歩 / 4歩

⚠ ポイント　ボールを自分のものにする

他の選手がボールを持ったら、カットするのではなくボールを奪いにいこう。混戦の状況でマイボールにする力を磨くことを意識する

ワンポイントアドバイス

≫ 人と人の間をねらおう

ボールを持ったら、同時に2人のディフェンスを相手にすることになる。ひとりずつ順番にかわすのではなく、2人の間をすり抜けるようにかわすのが最も効果的。顔を上げてディフェンスの状態を確認しながら突破を試みよう

ここに注意！

≫ ディフェンスから逃げない！

スピードで逃げるようにボールをキープしてしまうと、球際の強さを鍛えるトレーニングにはならない。奪われることを恐れずに積極的にボールを動かすことでディフェンスとの駆け引きが生まれ、不利な局面を突破するためのアイデアも生まれてくる

Extra

ゴール前の混戦をイメージしよう

広いスペースがある局面とは違い、ゴール前の混戦などでは複数人のディフェンスがいるものの、ディフェンス同士の距離が近く、その間を縫うように抜けやすい場合も多い。つまり、数的不利でも逆にチャンスは多いと言える。そういった場面をイメージしながら、このメニューに取り組んでみよう

COLUMN　選手育成メソッドの真理

　サッカー選手の育ち方を、自転車に例えてみるとする。初めて自転車に乗る子どもは公園で練習をする。試して、失敗して、諦めずに工夫して、だんだん乗れるようになっていく。やがて、公園の中を自在に走れるようになり街へ出ていく。街では他の自転車や歩行者と同じ道を共有するため、動いている対象物を上手にかわさなければならないし、信号や交差点の手前で減速しなければ車にぶつかってしまう。運転しながら周囲の動きや環境を把握し、判断を間違えないように流れに乗るのは子どもにとっては至難の業だ。やがて、五感で得た情報をハイスピード処理で「認識」「予測」「判断」して、「ブレーキ」「ハンドル」「サドル」を動かしてスピードの緩急や自在な運転が出来る上級ライダーに育っていく。この過程は、サッカー選手でも同じだ。

①上手に動けるようにならなければ、周りを見る余裕もなく、予測も判断も困難だ
②上手に動けるようになるためには、まず安全な場所(クローズドスキル)での練習が必要だ
③上手に動けるようになるためには、部品(機能)を上手に使う必要がある
④上手に動けるようになる子は、試して失敗しても諦めずに工夫出来る
⑤上手に動けるようになったら、複雑な環境(オープンスキル)で認識と予測と判断を身につける

　クローズドスキルとオープンスキルの関係性を上手に組み立てて、個人スキルからグループスキル、チームスキルへと発展させてもらいたい。

第4章
突破力強化トレーニング

ドリブルで颯爽と相手をかわすのは、サッカーの醍醐味のひとつ。
突破力を鍛えれば、試合で活躍できる可能性はグンと高まる。
さまざまなパターンのトレーニングで、
相手を抜き去る力をつけていこう。

突破力
強化トレーニング
をはじめる前に

❓ なぜ必要?

» 突破力の高い「強い個」は、
どんなスタイルのサッカーにおいても
ゴールを奪うために必要な存在
» ポジションにかかわらず全員が突破力を
身につけておけば、ピッチのどこからでも
ゴールを奪える可能性が高まる

❌ ここに注意!

» 「速く走る」ことよりも
「速く見せる」ことを意識する
» フィジカルではなく、
テクニックを磨くことをねらいとする

世界に通用する「強い個」を目指す

　この章ではドリブルでの突破力を高めるために必要なトレーニングを紹介する。現代サッカーでは、スペインを代表とするポゼッションベースの戦術が主流だが、強豪国のオフェンスには「縦の突破力・推進力」を持った選手が必ずピッチに立っている。組織と個の強さが共存しており、世界は常に進化しているのだ。

　急激なスピードで世界に迫ってきた日本だが、「近づく」と「追いつく」の差は大きく、気を抜けばまた離されるだろう。そこで指摘されているのは「個の強さ」だ。具体的には1対1で戦って「振り切れるサイドアタッカー」「負けないセンターバック」「ドリブルシュートを決められるフォワード」の存在だ。

　日本人のフィジカルは急激に向上してきているが、未だに、弱いという前提でのトレーニングに多くの時間を費やしている。速い選手に必要なトレーニングが足りていないのだ。世界を振り切る突破力が生まれてきた時に、その個を活かすメソッドを持っている必要がある。

　本章では「速く見せる」という表現を使っている。ディフェンスの逆を取るためには、相手の過剰な警戒心が便利になる。「速く走る」はフィジカルだが、「速く見せる」はテクニックとして磨くことができることを理解して、トレーニングに取り組んでほしい。

| 突破力強化 | | ボールさばき / 体さばき / スピード / パワー / 持久力 | 難易度 ★★★★★ / 時間 15分 / 効果の度合い 3ヶ月 |

トップスピードからの
ステップワークを身につける

ねらい

≫ 実戦で使えるエリア

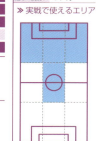

Menu 044 ダッシュからの3つ抜き

やり方

1. 図のように、大股4歩、1歩、1歩の間隔でコーンを4つ設置する
2. 1つめのコーンからスタートして、ダッシュのドリブルで2つめのコーンへ向かう
3. スピードを落とさないように2〜4つめのコーンの間を縫うようにドリブルする

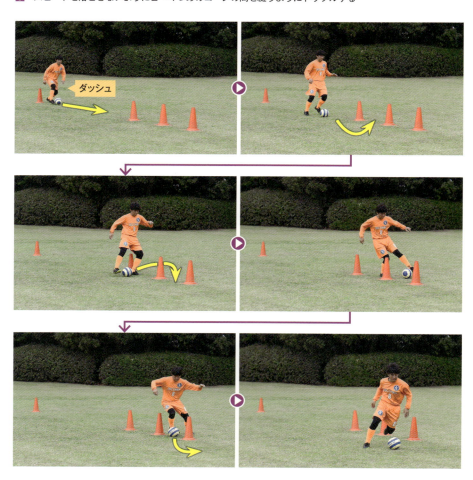

このメニューの動き方

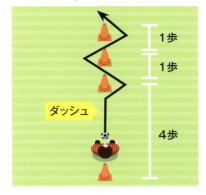

スタート地点に1つ、かわすための3つのコーンを設置する。ダッシュでドリブルする距離を確保するために1つめのコーンはやや距離をあけ、2つめ以降は一気にコーン間の距離を狭める

ポイント①
ファーストタッチはアウトサイドがやりやすい

ファーストタッチを、コントロールしやすいインサイドにしがちではあるが、右足アウトサイド（上記の図の場合）で入るほうがスピードを落とさずにその後の連続タッチがやりやすい。両方のタッチを使えるのが最良だが、うまくいかない場合、まずはアウトサイドから入るようにやってみよう

ポイント②
ヒザと股関節の柔軟性が必要

トップスピードから急激に曲がるため、見た目以上に成功するのが難しいトレーニングである。特にヒザと股関節が固いと、重心をコントロールすることが非常に困難だ。普段から、関節の柔らかさを意識してトレーニングに取り組んでみよう

ワンポイントアドバイス

≫ 前傾姿勢にならないように

速く走ろうとすると、前傾し低い姿勢となってしまう選手は非常に多い。しかし、陸上競技の選手などを見ればわかる通り、速く走るためには前傾姿勢ではなく、上体を起こした姿勢のほうが良い。上手にこのメニューを成功させるためには、ボールコントロールに加えて重心移動、ステップワークといったボディコントロールの質を求められる。うまくいかない場合は、まずはボールを持たずに"エアードリブル"で動きの感覚を身につけよう

突破力強化

重心移動を意識して しなやかにボールを運ぶ

ねらい

ボールさばき
体さばき
スピード
パワー
持久力

難易度 ★★★★☆
時間 15分
効果の度合い 3ヶ月

≫ 実戦で使えるエリア

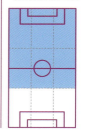

Menu **045** スラロームドリブル

やり方

1. 横：大股2歩、縦：大股4歩のなかに図のようにコーンを配置する
2. コーンの間をスラロームのようにドリブルする
3. 体を進行方向に向けたドリブルと、正面に向けたままのドリブルの両方を行う

[体を進行方向に向ける]

[体を正面に向ける]

このメニューの動き方

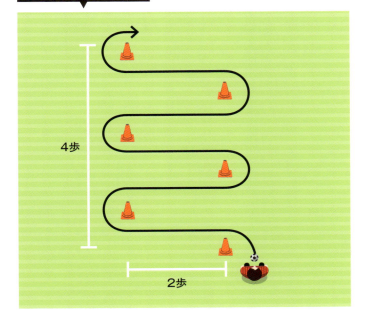

ポイント①
しなやかな重心移動を意識する

重心移動がこのトレーニングのテーマである。速さを意識することは大切だが、速く走ろうとして力が入りすぎると、無駄が多くて効率の悪いドリブルになってしまう。スムーズな重心移動でしなやかな動きを意識する。アイススケートを滑るイメージを持つと良い

ポイント②
ピョンピョン跳ねないように

体を正面に向けたままのドリブルを行うと、腰が高いまま跳ねるような動きになってしまいがち。低くて速い移動を意識して行う。また、骨盤は正面を向いたまま、腰から下だけを横に向けるイメージでボールを運ぶとスムーズな動きとなる

ワンポイントアドバイス

≫ うまくいかない場合は"エアドリ"

スムーズにドリブルを行うことができない選手は、ボールを持たない状態で"エアードリブル"を行ってもうまくできないことが多い。ボールがないことで、足の着地位置などのステップワークをより意識して修正することができるので、まずはエアーでやってみよう

突破力強化

難易度	★★★☆☆
時間	10分
効果の度合い	1ヶ月

ねらい
周囲の動きを感じながらスピードアップする

ボールさばき
体さばき
スピード

≫ 実戦で使えるエリア

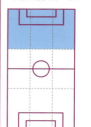

Menu **046** 斜め横ドリブル

やり方

1. 大股4歩四方にコーンを設置してグリッドをつくる
2. 対角線上を斜め前、斜め後ろにアウトサイドタッチでボールを運びながら素早く往復移動をする
3. 2人同時に行う

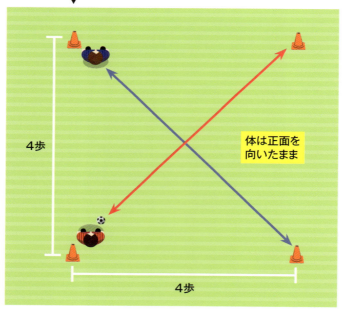

このメニューの動き方

4歩

4歩

体は正面を向いたまま

なぜ必要？

≫ 周囲を確認しながらドリブルをする

2人同時に行うため、交差するときに衝突する可能性がある。それを避けるためには、顔を上げて、いつでもボールを止められる、いつでもボールを動かせる場所にボールを置くことが重要になる

ここに注意！

≫ 後方に運ぶときも、腰から上は前を向く

斜め後ろにボールを運ぶ場面というのは、実際のゲームでは相手のプレッシャーから逃げている状態である。腰から下は横を向いてボールを運びながら、腰から上は前を向いて、相手の動きが常に見える状態でプレーする

Arrange
進行方向に体を向けたドリブルもやってみよう

対角線上のコーンを、進行方向へ体を向けたままドリブルをするパターンでもやってみよう。この場合も2人同時にやるようにして、衝突しないように周囲を確認しながらボールを運ぶことが大切。なるべくスピードは落とさないようにする

突破力強化

向かってくる相手を かわす感覚を養う

ねらい

- ボールさばき
- 体さばき
- スピード
- ~~パワー~~
- ~~持久力~~

難易度	★★★★☆
時間	15分
効果の度合い	3ヶ月

≫ 実戦で使えるエリア

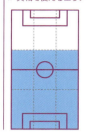

Menu 047 入ってきて1vs1

やり方

1. 大股2歩四方にコーンを配置しグリッドをつくる。オフェンス1人、ディフェンス1人を配置する
2. ディフェンスがグリッド中央でボールを持った状態でスタートする。オフェンスは、4辺のどこかの辺からグリッドの外へ出る
3. 外へ出たオフェンスに対して、ディフェンスは即座にパスをする
4. ボールを受けたオフェンスはドリブルでグリッド内に進入する。グリッド内に進入してきたら、ディフェンスは動き出して良い
5. オフェンスは左右または前の辺へ抜けることを目指して1VS1を仕掛ける

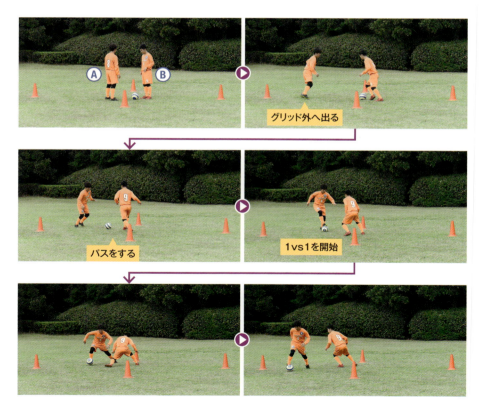

このメニューの動き方

- パスを受けたら1VS1開始
- 出たらパスをする
- グリッド外へ出る

なぜ必要?

≫ スピードに乗った1VS1を行う

実戦では、正対した状態の1VS1ではなく、ディフェンスが積極的にボールを奪いにくるケースは非常に多い。勢いをつけて向かってくる相手に対しては、オフェンスは逆を取りやすいという感覚を身につけることができる

ここに注意!

≫ ディフェンスは積極的に奪いにいく

オフェンスがグリッドに進入してきたら、ディフェンスは積極的にボールを奪いにいくようにする。ドリブルで向かってくるのを待っているようだと、このトレーニングの目的をはたすことができない。オフェンスだけでなく、ディフェンスを担当する選手も意図をしっかりと理解してトレーニングを行おう

ワンポイントアドバイス

≫ 左右に抜けることをまずは優先

グリッドに進入したら、まずは左右どちらかの辺へ抜けることをねらおう。ディフェンスが左右を警戒して前方にコースが空くようであれば、正面への突破をねらうのが良い

突破力強化

相手を引きつけて抜け出す

難易度	★★★★☆
時間	20分
効果の度合い	1ヶ月

≫ 実戦で使えるエリア

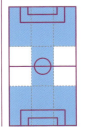

Menu 048 グリッドからの抜け出し

やり方

1. 大股3歩四方にコーンを設置してグリッドをつくる
2. 中央にボールを持ったオフェンス、4辺の上にディフェンスをそれぞれ配置する
3. オフェンスは、グリッドの外へ抜け出すことをねらってドリブルする
4. グリッドのサイズを狭めて、難易度を調整する

このメニューの動き方

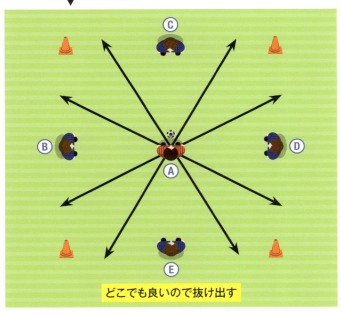

どこでも良いので抜け出す

2人のディフェンスを引きつけよう

数的不利な状態でのドリブルではあるが、その状況を利用することができる。ディフェンスは必ず2人が寄せてくるが、2人いることで、お互いを意識して隙が生まれることがある。その逆を取るように突破を試みると、成功しやすい

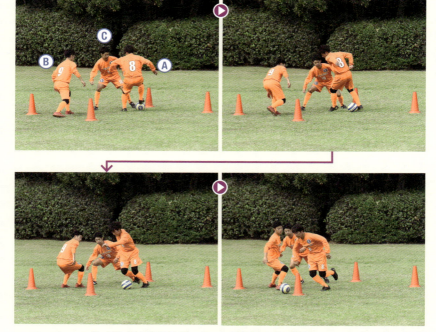

注：写真では2辺のみにディフェンスを配置しているが実際のトレーニングでは4辺に配置する

ここに注意！

- 時間をかけすぎないように、一気に突破する
- ファーストタッチを強めに、素早くスタートしよう
- 相手の隙を見つけるために、しっかりと顔を上げよう
- ボールタッチに集中しすぎず、ディフェンスとの駆け引きを意識する

突破力強化

スピードに乗って相手をかわす感覚を身につける

`ボールさばき` `体さばき` `スピード` `パワー` `持久力`

Menu 049 ダブル裏街道

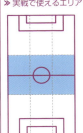

難易度 ★★★★★
時間 10分
効果の度合い 1ヶ月
》実戦で使えるエリア

やり方

1. 大股4歩四方にコーンを配置してグリッドをつくる
2. 手前のコーンに向かってドリブルをし、コーンの前からグリッド中央に向けてボールを出し、選手はコーンの外側を回る（裏街道①）
3. ボールに追いついたら、もう一度ボールにタッチして縦方向へボールを出し、選手は再びコーンの外側を回ってボールに追いつく（裏街道②）

※写真では実戦を想定し、正面に立つディフェンスと、奥から寄せてきたディフェンスを配置している

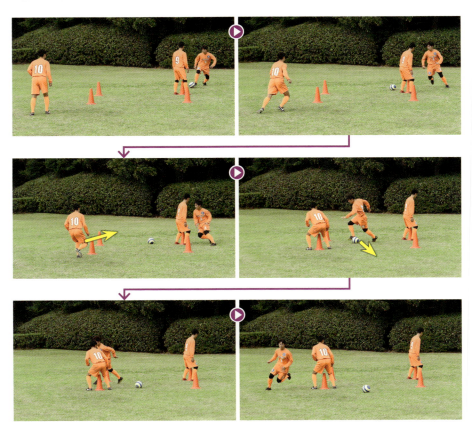

このメニューの動き方

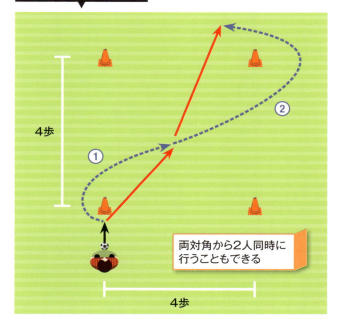

両対角から2人同時に行うこともできる

⚠ ポイント

スピードでディフェンスを釘づけにする

スピードに乗ったオフェンスに対面するディフェンスの重心は後ろへ向く。足が出しづらくターンも難しい体勢にすることをねらってやろう

❓ なぜ必要？

» 2回目の裏街道がより実戦的

実際のゲームでは、止まった状態から裏街道を繰り出すことはほとんどない。図の①の動きでしっかりと加速し、②の動きではスピードに乗った状態で相手をかわすイメージで行う

» 1度に両足を使うことができる

①では左足インサイドで、②は右足インサイドでボールを蹴って相手の裏にボールを通す。1つのトレーニングのなかで、両足を使って同じ動きを確かめることができる

❌ ここに注意！

» タッチは柔らかく、体は速く

体が速く動いている状態でボールを蹴ると、タッチが大きくなってしまいがち。速い動きのなかでも柔らかいタッチを心がけよう

» ディフェンスの足幅を意識する

①でコーンの横にボールを通すが、コーンに近づきすぎないようにする。ディフェンスの足幅があることを想定して、コーンの手前からグリッドの中央付近へ転がすイメージで行う

突破力強化

左右の素早い動きで相手を惑わせて振りきる

ねらい
- ボールさばき
- 体さばき
- スピード
- パワー
- 持久力

難易度 ★★★★★
時　間 15分
効果の度合い 1ヶ月

≫ 実戦で使えるエリア

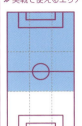

Menu 050　左右に揺さぶるドリブル

やり方

1. 横：大股4歩、縦：大股2歩にコーンを配置してグリッドをつくる
2. グリッド内の中央にオフェンスとディフェンスを対峙させる
3. オフェンスは、横の揺さぶりで相手を振りきって、左右の辺へ抜け出す。縦へ突破しても良い
4. ディフェンスはボールは奪わず、振りきられないようにオフェンスについていく

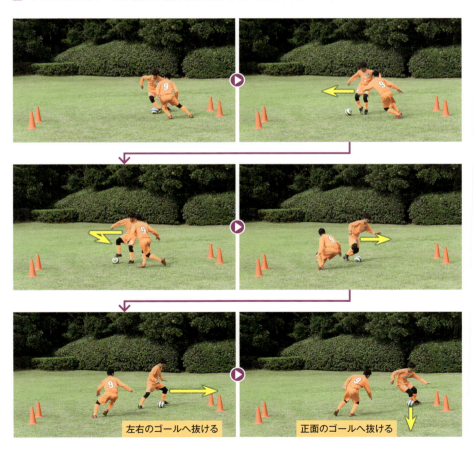

左右のゴールへ抜ける　　　正面のゴールへ抜ける

ポイント ボールと体の距離感を疎かにしないようにする

このトレーニングでは、左右に体を素早く動かして相手の逆を取るような動きを鍛えることができる。しかし、体の動きに意識を向けすぎてしまうと、ボールと体の距離感が疎かになり、逆を取ってもボールを動かすことができない。ボールの位置を把握しながら、体で相手を揺さぶろう

 Extra

抜くためのコツをつかむトレーニング

ドリブルで相手を抜くためには、複雑なテクニックや相手を振り切るスピード、当たり負けないフィジカルの強さがあるに越したことはない。しかし実際には、体の揺さぶりで相手の逆を取ることができれば、そういった能力が足りなくても相手を抜くことはできる。このトレーニングで、抜くためのコツをつかんでほしい

❌ ここに注意！

≫ 相手を振りきらずに突破するのはNG

このメニューは、相手をしっかりと振りきることを目指すトレーニング。そのため、相手がついてきているのに左右の辺へ抜けていくことであったり、相手が正面に立っているのに縦に抜いたりしてはいけない

突破力強化

縦に並走しながら逆を取る感覚を養う

ねらい

Menu **051** 並走からの逆取り

難易度	★★★★☆
時間	15分
効果の度合い	3ヶ月

- ボールさばき
- 体さばき
- スピード
- パワー
- 持久力

≫ 実戦で使えるエリア

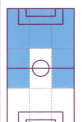

やり方

1. 横：大股4歩、縦：大股10歩にコーンを設置する
2. 辺上に、ボールを持ったオフェンスと、ディフェンスを横に並べて配置する
3. オフェンスのタイミングでスタートし、反対の辺を目指して高速でドリブルをする
4. 追いつかれそうになったら逆を取るように左右にディフェンスをかわす

ポイント①
相手のスピードを逆手に取る

当然ボールを持っていないディフェンスのほうがスピードは速いが、そこが逆にねらい目。ダッシュから急に止まることは難しいので、逆を取るようにして左右に切り返して相手をかわす。実戦では、このメニューのようにタッチライン際で相手と並走することはよくあるため、そういう場面で有効な動きとなる

ポイント②
相手がボールを見失うようになれば成功

うまく逆を取ってかわすことができれば、ディフェンスは一度ボールから目線を切ることになる。逆を取られた相手がボールを探している間に、一気に縦へ加速して再びスピードで振りきる。逆を取っても、ここでのスピードが遅くなってしまえばすぐに追いつかれてしまうので注意しよう

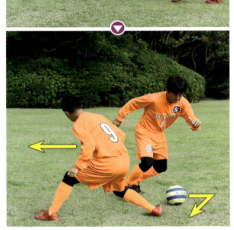

ワンポイントアドバイス

≫ 追いつかれそうになったら逆を取る

このトレーニングは、前への速いドリブルがベースとなっている。並走するディフェンスの動きも把握しながら、追いつかれそうになったらその動きの逆を取ることを目指そう

≫ プレーは最後まで続けよう

オフェンスとディフェンスの勝負ではあるが、あくまでオフェンスが逆を取る動きを身につけるためのトレーニングである。ディフェンスが途中でボールを奪ったりカットしたりした場合であっても、その地点からプレーを再開し、奥の辺に到達するまでトレーニングを継続しよう。またオフェンスは、ディフェンスに追いつかれなければ切り返すことなく縦へ抜けることもできるが、積極的に逆を取る動きにチャレンジしよう

突破力強化

ねらい 止まった状態から抜く感覚を養う

Menu **052** 縦加速&フリからの中

難易度	★★★★★
時間	15分
効果の度合い	3ヶ月

≫ 実戦で使えるエリア

ボールさばき / 体さばき / スピード / パワー / 持久力

ここからは縦への突破と中央へ切り込んでいく力をつけるトレーニングを行う。まずは、ゼロスピードからの加速と、中へ進入する動きからの縦加速を順番に身につけていこう

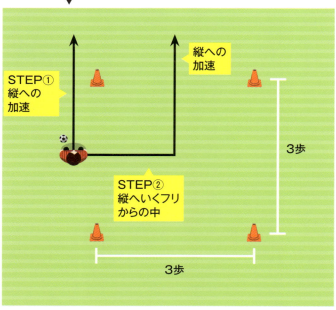

このメニューの動き方

STEP① 縦への加速

STEP② 縦へいくフリからの中

縦への加速

3歩

3歩

STEP①:縦への加速

やり方

1. 大股3歩四方にコーンを配置してグリッドをつくる
2. グリッド左側の外でストップした状態からスタートする。ボールは、外側の足（図では左足）のアウトサイド側に置く
3. アウトサイドを使って縦にダッシュでドリブルする

ポイント

膨らまないように

ドリブルのコースが膨らんでしまうとスピードが落ちてしまう。直線の動きで一気にスピードに乗ることを意識しよう

なぜ必要？

≫ サイドのポジションで有効

サイドバックやウイングなどは、ボールが止まった状態でディフェンスと正対する場面が実戦のなかでは多い。止まった状態から一気に加速して、縦に抜き去る感覚を身につけよう。ゆっくりやっても、ディフェンスはついてきてしまう

ここに注意！

≫ 完全に静止した状態からスタートする

このトレーニングは、ゼロから一気に加速する力を鍛えることが目的。完全にボールも体も停止した状態からスタートすること。動き自体はシンプルであるため、複数人で並んで順番にやると、その点が疎かになってしまいがちなので注意

STEP②:縦へいくフリから中へ進入

やり方

1. スタートはSTEP①と同じ
2. 縦に抜くフリをしてから右足のアウトサイドでグリッド内に進入し、インサイドを使って縦に抜ける

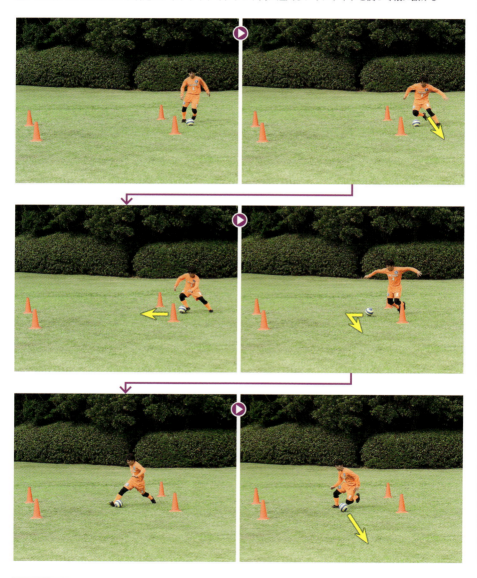

👆 ワンポイントアドバイス

≫ 縦に抜くフリの動きが重要

左足でボールを縦に低く跳び越える、左足でまたぐ、腰から上を縦や外に動かすなどのフェイントを駆使して縦に抜くフリをしよう。上半身でのフェイントの場合、腰から上はフェイント、下は両足を浮かさないように次への準備をする動きをイメージする。ただし、跳び越える際は、両足が同時に浮かないようにする

下半身は中へ　　上半身は縦へ

❌ ここに注意!

≫ 中へのタッチはグリッドの中心を意識する

グリッド内へ進入するときのアウトサイドタッチは、股関節を大きく開いて、グリッドの中心付近に着地するイメージを持って行う。股関節の開きが小さく着地点が近いと、ディフェンスに追いつかれてしまう。このメニューではまだディフェンスを置いていないが、ディフェンスが目の前に立っているイメージで取り組もう

▲股関節をしっかりと開く

中への進入はアウトサイドタッチで

Menu052では、横移動でグリッド内に進入し縦へ突破する動きを学んだ。中への進入は、インサイドで行うよりもアウトサイドで行ったほうがスムーズに進入できる。ここでは、インサイドとアウトサイドとそれぞれでやった場合の違いを見てみよう。

インサイドでの移動

正面にディフェンスがいるとすると、アウトサイドの場合と比べて、ディフェンスの近いところでボールを転がすことになる。つまりボールをさらしている状態となり、奪われる可能性が高まる。また写真②のように、縦へのタッチに切りかえる際に足がクロスすることで、動きに無駄が生まれてしまう。

ワンポイントアドバイス

≫ ショルダーチャージへの踏ん張りもアウトサイドが有効

写真②のタイミングで右からからショルダーチャージを受けた場合、インサイドだと踏ん張りが利かずに左へ倒れてしまう。逆にアウトサイドだと、左足が支えとなって踏ん張ることができるので、倒れずにボールを運ぶことができる

アウトサイドでの移動

ディフェンスから遠いところでボールを触るので、奪われる可能性が低い。また縦へのタッチの切りかえも、同じ足での小さな動きとなり、縦へのダッシュのスムーズな1歩目ともなりやすい。この点から、アウトサイドのほうが有効なタッチであることがわかるだろう。

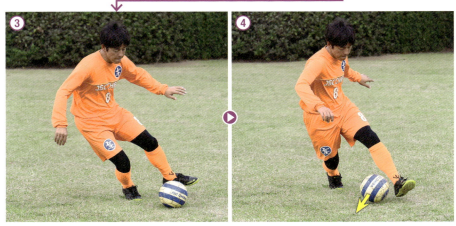

突破力強化

素早く縦に抜くイメージを掴む

ねらい

難易度	★★★★★
時間	20分
効果の度合い	3ヶ月

≫ 実戦で使えるエリア

- ボールさばき
- 体さばき
- スピード
- パワー
- 持久力

Menu 053 横はずしからの縦突破

ここでは横にはずして、縦へと突破するトレーニングを2ステップに分けて行う。Menu052と異なるのは、スタートの際にボールを置く位置を内側のアウトサイドとすることだ

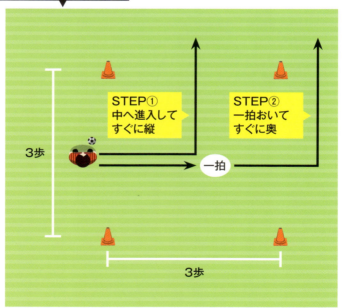

このメニューの動き方

STEP① 中へ進入してすぐに縦
STEP② 一拍おいてすぐに奥

STEP①:中へ進入してすぐに縦

> **やり方**
>
> 1. 大股3歩四方にコーンを配置してグリッドをつくる
> 2. グリッド左側の外でストップした状態からスタートする。ボールは、内側の足（図では右足）のアウトサイド側に置く
> 3. 右足アウトサイドで中に進入し、右足インサイドを使って縦に抜ける

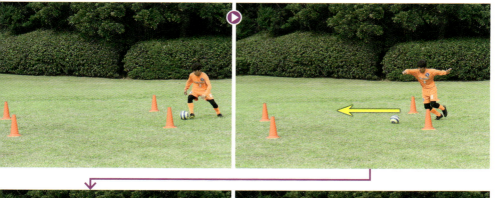

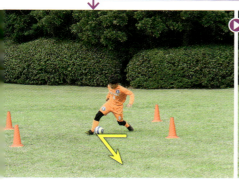

⚠ ポイント①
タッチライン際で有効

サイドでボールを持ち、そこから中へ進入していく動きにつながるトレーニングだ。縦に突破する、中に切り込んでシュートにもっていく、そういった動きをイメージしながら取り組むと効果的なトレーニングとなる

⚠ ポイント②
最短距離で相手を抜くことが大切

STEP①では、横→縦の動きを覚えることが目的だが、以後のどのトレーニングであっても、このルートがゴールへの最短ルートとなる。抜くことよりも、早くゴールにたどり着くことが最も重要であることを忘れないようにしよう

STEP②：一拍置いてさらに奥

> **やり方**
>
> 1. スタートはSTEP①と同じ
> 2. アウトサイドでグリッド内に進入し、一拍置いた後、右足アウトサイドでさらに奥に向けてボールを運び、右足インサイドで縦に抜ける

ステップワークにより速く見せる

このトレーニングでは、ステップワークを磨くことが大切。横→縦の動きをスムーズにできるようになると、速く見せることができる。ボールコントロールはもちろん大切だが、なめらかなステップで相手を翻弄しよう

スピードを落とす目安は60%

一拍置くといっても、スピードをゼロまで落とすと再加速が難しいので意味がない。60%を目途に落とすようにしよう。ドリブル中に一拍置くことで、ディフェンスもそれに合わせるようにスピードを落として対応してくる。その一時的な減速を利用して抜き去ることをイメージすることが大切だ

👆 ワンポイントアドバイス

実戦を想定して取り組む

一拍置くという動きを取り入れているが、ただ漠然とこの動きを行うだけでは試合で使える動きにはならない。ディフェンスが寄せてくることをしっかりとイメージしながら取り組もう。イメージがなければ、実戦でその動きを繰り出すことはできない

突破力強化

向かってくる相手を縦に抜く動きを実践する

ねらい

ボールさばき
体さばき
スピード
パワー
持久力

難易度 ★★★★★
時間 20分
効果の度合い 3ヶ月

≫ 実戦で使えるエリア

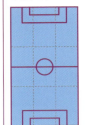

Menu **054** 横進入からの1vs1①

やり方

1. 大股3歩四方にコーンを設置してグリッドをつくる
2. オフェンスはグリッド左側の外に、ボールを内側の足（図では右足）のアウトサイド側に置いた状態に配置する
3. ディフェンスは、オフェンスの対角線のコーンの位置に配置する
4. オフェンスがボールに触れたらスタートする
5. ディフェンスはボールを奪いにいく。オフェンスは前方のラインを突破することを目指す。ただし、戻る（図では左方向へ進む）のは禁止とする

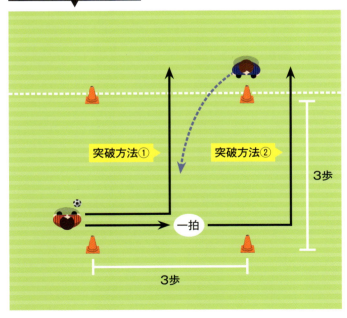

このメニューの動き方

突破方法①　突破方法②　一拍　3歩　3歩

突破方法①

寄せられる前に一気に縦に突破

突破方法②

食いつかせてから外へ持ち出し突破

一拍置く

> **ポイント**
>
> ## ディフェンスは積極的に奪いにいく
>
> ドリル形式のトレーニングとは違い、実戦を意識したトレーニングである。ディフェンスが積極的にボールを奪いにいくことで、ドリルで身につけた動きを実戦のなかで使いこなす方法を学ぶことができる

> **ここに注意！**
>
> ### ≫ 時間を掛けないで勝負
>
> 実戦ではディフェンスが戻る時間を与えるとゴールは遠のいてしまう。顔を上げてディフェンスの動きをしっかりと把握しながら、どちらのルートを進むほうが最良か判断して時間を掛けずに突破しよう

突破力強化

正対する相手を縦に抜く動きを実践する

Menu **055** 横進入からの1vs1②

難易度	★★★★★
時間	20分
効果の度合い	3ヶ月

≫ 実戦で使えるエリア

やり方

1. Menu054とやり方は同じ。ディフェンスのスタート位置のみを、図のようにオフェンスの正面に変更する
2. オフェンスは前方のラインを突破したら勝ち、ディフェンスに奪われたり時間が掛かってしまったら負け

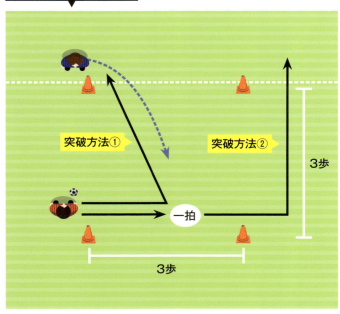

このメニューの動き方

突破方法①

相手の動きを利用して縦へ突破

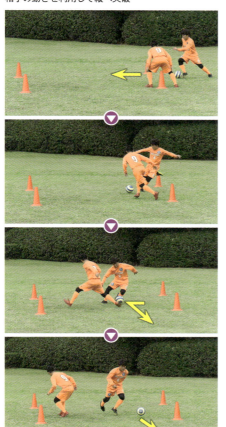

突破方法②

縦へ抜くフリをして外へ持ち出し突破

一拍置く

⚠ ポイント

相手の動きを利用して抜く

突破方法①では、オフェンスの動きと同じ方向（写真では右）にディフェンスは動く。その動きを利用して、逆方向（左）へ抜き去ろう。その際、ゆっくりとした動きでは逆を取れないので、クイックな動きを意識しよう

Extra

1つの突破が次の突破につながる

上記の突破方法①と②は別々のものではなく、相互につながっている。一度、①で突破に成功すると、ディフェンスは次に対峙した際にその動きを警戒するので、②の突破がより成功しやすくなる。ディフェンスが警戒しているポイントを見ながらドリブルをすることが大切だ

「戻り」をありとするルールもOK

実際のゲームにおいては、ドリブルする方向がルールで制限されていることはない。そのため、進んできた方向に戻る（図では左方向）動きをありとして行っても良い。そうすることで、ディフェンスとの1対1の駆け引きを行う場面が生まれるが、選択肢が増えるためオフェンスが有利になる。戻りがありの場合であっても、時間を掛けない突破を目指すことは忘れないようにしよう

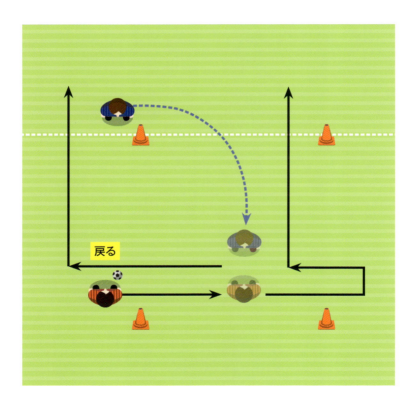

クローズドトレーニングとオープントレーニングとは!?

トレーニングの種類は、大きく2つに分けることができる。

≫ クローズドトレーニング

決められた通りの動き方を身につける、ドリル形式のトレーニング

≫ オープントレーニング

状況によって選手が判断しながら行う、実戦に近いトレーニング

まずはクローズドトレーニングで動き方を学んで身につける。その後、ディフェンスを配置したオープントレーニングのなかで、その動きができるかを確認していくのが基本的な流れである。両トレーニングは密接に関係しているが、クローズド→オープンの流れだけではなく、オープン→クローズドの流れという点でも非常に重要となる。
たとえば、Menu053のようなクローズドトレーニングを行って横進入の動きを身につけて、同じ動きのオープントレーニングであるMenu054を行うとする。おそらく、ディフェンスが素早く寄せてくるため、クローズドトレーニングで行っていたスピードのままでは実戦では成功しにくいことを実感するだろう。そこでクローズドトレーニングに戻ることで、実戦的なスピードをより意識してトレーニングに取り組めることになる。つまり、オープントレーニングを経験することで、クローズドトレーニングの質の向上につながるのだ。

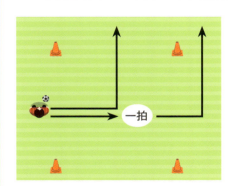

クローズドトレーニングで動きを身につける

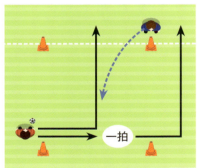

オープントレーニングで実戦のなかで試す

Extra

トレーニングの効果を試すためのマッチメイクを工夫する

オープントレーニングで実戦的な力を身につけたら、その成果を確認するためにゲームをする。ゲーム（試合）は、「試し合う場」であるため、ゲームで見つかった課題をまたトレーニングする循環にしよう。そこでは対戦相手選びが重要。ロングキックを多用するチーム、ドリブルが得意なチーム、パスワークが良いチームなど、特徴のあるチームを選び、試すテーマを選手が理解して取り組むと良い

突破力強化

向かってくる相手を縦に抜く動きを実践する

ねらい
- ボールさばき
- 体さばき
- スピード
- ~~パワー~~
- ~~持久力~~

難易度	★★★★★
時間	20分
効果の度合い	3ヶ月

≫ 実戦で使えるエリア

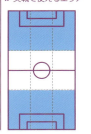

Menu 056　横進入からの1vs1③

やり方

1. Menu054とやり方は同じ。ディフェンスのスタート位置のみを、図のように中央に変更する。また、オフェンスは縦への突破もありとする。オフェンスは前方のラインを突破したら勝ち、ディフェンスに奪われたり時間が掛かってしまったら負け

このメニューの動き方

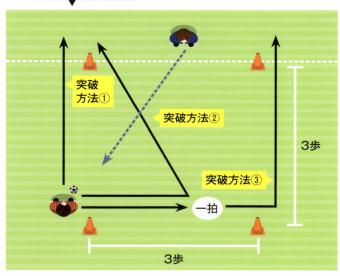

ワンポイントアドバイス

≫ **縦の選択肢を活かす**

今回は3方向の選択肢があり、かなりオフェンス有利の展開である。Menu055を行った後にこのメニューを行うことで、縦の選択肢があることにより中へ突破しやすいという感覚を掴んでもらうことができる

突破方法① 一気に縦へスピードアップして突破

突破方法② 食いつかせてから横に外して縦へ突破

突破方法③ 食いつかせてからさらに外へ持ち出して突破

一拍置く

突破力強化

速く見せるタッチを身につける（ねらい）

ボールさばき / 体さばき / スピード

Menu **057** 斜めはずしからの縦へのスピードアップ

難易度	★★★★☆
時間	15分
効果の度合い	3ヶ月

≫ 実戦で使えるエリア

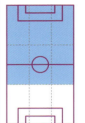

やり方

1. コーンを縦に大股4歩の間隔で2つ設置する
2. コーンに向かってハーフスピードでドリブルをする
3. アウトサイドでコーンを斜めにかわし、インサイドで縦に抜ける

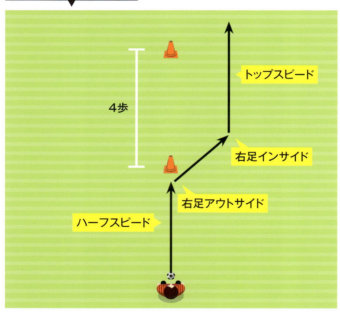

このメニューの動き方

4歩 / トップスピード / 右足インサイド / 右足アウトサイド / ハーフスピード

！ポイント　ボールを足元から離しすぎないようにする

右足インサイドでトップスピードに乗ったら、次のタッチはボールを足元から離しすぎないようにすることが大切。ディフェンスのスピードが速いとすぐに後ろから追ってくるので、切り返して背中を取るためだ

≫ 速く見せる動きが身につく

アウトサイド→インサイドのタッチを素早く行い一気に縦への加速ができると、対峙するディフェンスはそのスピードに困惑する。足の速さではなく、クイックな動きを身につけて、「この選手は速い」と思わせることが大切

 ここに注意！

≫ ボールを触った足の着地点は近くしすぎない

ボールを触った後の足が近くに着地してしまうと、「ボールを蹴る動作」と「走り出す動作」が別の動きとなりクイックネスは生まれない。遠くに着地することで、2つの動作が1つになりスピードが上がり、次のタッチへの移行もしやすくなる

突破力強化

ねらい 2人の間をねらって連続で抜くイメージを掴む

ボールさばき / 体さばき / スピード / 持久力

難易度	★★★★☆
時間	15分
効果の度合い	1ヶ月

≫ 実戦で使えるエリア

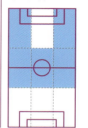

Menu 058 はずしからのカットイン&裏街道

やり方

1. 大股3歩四方にコーンを設置しグリッドをつくる
2. 手前のコーンに向かってハーフスピードでドリブルをする
3. アウトサイドでコーンをかわす
4. 一拍置いて、インサイドで中へ切れ込む
5. アウトサイドタッチで右斜め前にボールを出し、自らはコーンの外を回って走る

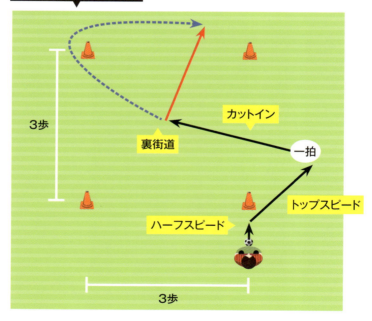

このメニューの動き方

⚠ ポイント　裏街道は右前へ出す

カットインで抜かれたディフェンスが後ろから追いかけてくると同時に、次のディフェンスが前方から寄せてくる状況をイメージする。2人の間を抜くように裏街道で抜き去るためには、右斜め前にボールを出すのが効果的

 Arrange

コーンを増やして足幅を意識させる

はずし、カットインでボールタッチする場所にコーンを増やしても良い。これはディフェンスはただ立っているだけではなく、足を出してくる。その幅を想定したものだ。より実戦を意識するのであれば、取り入れてみよう

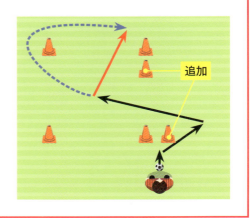

突破力強化

相手を引きつけて連続で抜くイメージを掴む

ボールさばき
体さばき
スピード
パワー
持久力

難易度 ★★★★☆
時間 15分
効果の度合い 1ヶ月

≫ 実戦で使えるエリア

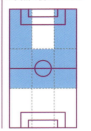

Menu 059 はずしからのカットイン＆ダブルタッチ

やり方

1. 大股3歩四方にコーンを設置しグリッドをつくる
2. 手前のコーンに向かってハーフスピードでドリブルをする
3. アウトサイドを使ってトップスピードでコーンをかわす
4. 一拍置いて、インサイドで中へ切れ込む
5. グリッド中央付近で一拍置いてから、ダブルタッチでグリッドの外側へボールを運ぶ

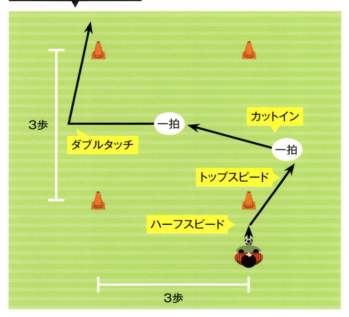

このメニューの動き方

! ポイント　緩急のリズムで速く見せる

ドリブルの途中で一拍置くことで、緩急が生まれる。そのリズムがあることで、減速の後の加速の際にディフェンスは「速さ」を感じることになる。実際に速いに越したことはないが、「速く見せる」ことのほうが重要だ

🖕 ワンポイントアドバイス

≫ ダブルタッチを使いこなす

Menu057のトレーニングでは、2人のディフェンスの間にボールを通して裏街道で抜き去る動きをイメージした。今回は、ディフェンスがその抜かれ方を警戒して、2人の間を閉じるように寄せてきた状況を想定する。それにより外側のスペースが生まれる。飛び込んでくるディフェンスの動きを見ながら、大きなダブルタッチでかわすことをイメージしよう

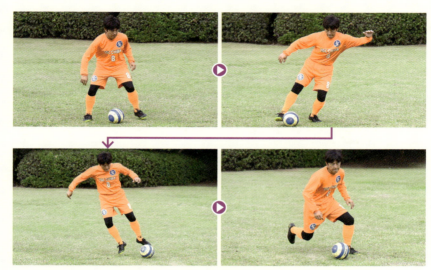

▲ダブルタッチは大きく股関節を開いてやろう

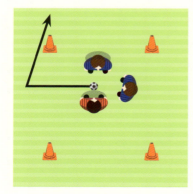

▲ディフェンスが2人の間を閉じてきた状況を想定する

📄 Extra

一拍置くことを常に意識する

クローズドトレーニングにおいては、ドリブルのコース取りやタッチのし方に意識が向くため、タイミングやリズムにはなかなか意識を向けにくい。ディフェンスを想定しながら一拍置くことは難しい動きではあるが、常に意識を向けること。同じ動きでのオープントレーニングを行ってクローズドトレーニングに戻ることで徐々にその感覚を身につけていこう

突破力強化

相手をかわした流れから1vs1の勝負を仕掛ける

ねらい

ボールさばき
体さばき
スピード
パワー
持久力

難易度 ★★★★★
時間 20分
効果の度合い 1ヶ月

≫ 実戦で使えるエリア

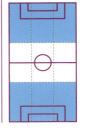

Menu 060 はずしからの1vs1

やり方

1. 大股3歩四方にコーンを設置しグリッドをつくる。オフェンスとディフェンスを1人ずつ、図の通りに配置する
2. 手前のコーンに向かってハーフスピードでドリブルをする
3. アウトサイドでコーンをかわす
4. かわしたら、ディフェンスはボールを奪いにいく。オフェンスは奥のコーンのラインを突破することを目指す
5. 抜き方は、Menu058と059の2つと、緩急を使った縦へのスピードアップに限定する

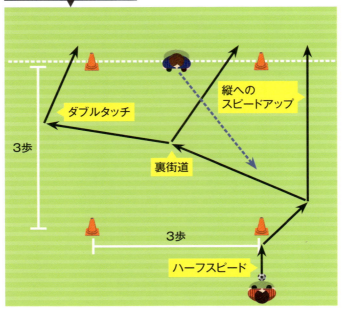

このメニューの動き方

ダブルタッチ
3歩
裏街道
縦へのスピードアップ
3歩
ハーフスピード

Arrange
ディフェンスの配置でレベルを調整する

標準では中央にディフェンスを配置するが、オフェンスの正面にディフェンスを配置することで双方の距離が縮まり、難易度は上がる。逆に、オフェンスの対角線の位置にディフェンスを配置することで距離が遠くなり、オフェンスが有利な状況となる

▲正面に配置してレベルアップ

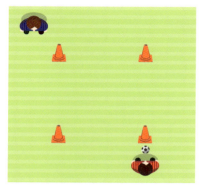
▲対角線に配置してレベルダウン

Extra
ディフェンスの意識も大切

基本的にはオフェンスが有利な状況でのトレーニングであるため、ディフェンスが負けることのほうが多い。しかし、それによりディフェンスを行う選手の負けん気や警戒心を引き出そうとするねらいもある。ドリブル力の向上には、ボールコントロールやボディコントロールの技術だけではなく、相手に負けたくないという「心」の面も同時に育てる必要があることを忘れないようにしよう

コーンが4つあればアレンジは自由自在

ここまで、さまざまなメニューを紹介してきたが、当然これらが全てではない。コーンが4つあれば、ドリブルするルートやタッチ、フェイントの組み合わせ方によってメニューは無限につくることができる。ここでいくつかパターンを紹介するので、これを参考に組み合わせ方を工夫してトレーニングにどんどん取り入れてみよう。

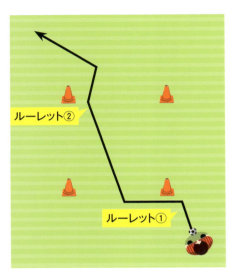

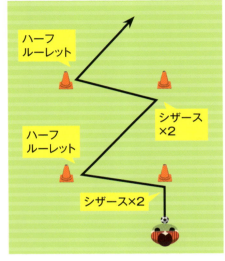

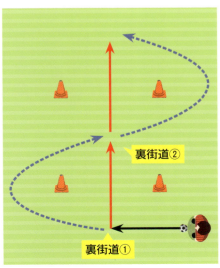

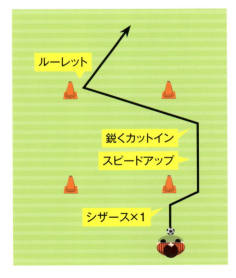

ワンポイントアドバイス

» 形だけの動きにならないように、コーンはディフェンスであると意識しよう

» 左右両方はもちろん、さまざまな組み合わせにチャレンジしよう

» 身につけた動きをオープントレーニングへつなげていこう

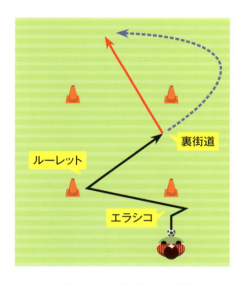

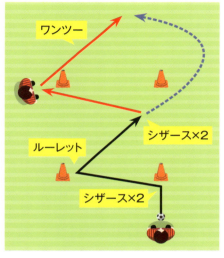

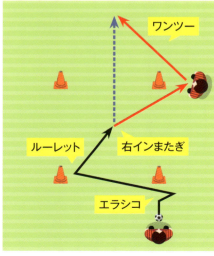

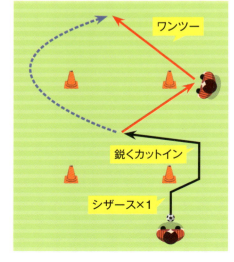

COLUMN 上手な選手へと導く声掛けをしよう

　コラム③で、サッカー選手の育ち方を、自転車に乗れるようになる過程にたとえてみた。では次に、さらに上手に自転車を乗りこなせるようになるにはどうすべきかに注目してみたい。
① 部品（機能）や構造の説明はすでに理解しているので簡単で良いだろう
② まずは運転しやすくて転んでも痛くない場所で乗ってみよう
③ 本人の心持ちを感じ取り、成長の過程を見守りながら成功を祈ろう
④ 「教えて」のリクエストに対して、自分で考えて工夫するように促そう
⑤ 「怒り」や「励まし」は、本人に余裕がないと受け取れないだろう。
⑥ 「分かっているけど出来ない」という被害者意識を持たせてはいけない
⑦ 失敗の度にアドバイスを続けると工夫する力が育たない
⑧ たまにお手本を見せると、イメージを体現する練習ができる
⑨ たくさん練習すれば誰でも自由自在に乗れる上級ライダーに育つ

これらをサッカーに置き換えて考えてみてほしい。子どもには、「教える必要のない事」「教え難い事」「教えるべき事」がある。たとえば「歩き方」は教える必要がなく、「木登り」は自分自身でやりながら覚えるものである。言葉の説明よりは手本の方が有効であるが、「九九」は教えなければ言えるようにならない。
　指導者には、単に本書のメニューをやらせるだけではなく、上記を意識したうえで子どもたちへの声掛けを選択してほしい。

第5章

Q&A

トレーニングを行ううえでコーチ、
選手が気になる点について、Q&A方式で回答する。

よくあるご質問

Q トレーニングしてきたことを、ゲームでなかなか発揮できません

A 対人トレーニングを少し取り入れてあげましょう

実際のゲームでは当然相手がいますし、本気でボールを奪いにきます。もちろん、勝敗も関係してきます。そういうなかでプレーすることで、結果を考えすぎるプレッシャーや、恐怖心が邪魔をしている可能性があります。つまり、ボールを思い通りに動かす技術はあっても、気持ちの部分で負けてしまってミスを恐れて自意識過剰の傾向があるため、焦っているのかもしれません。そういう子は親やコーチの評価を気にしすぎるので、言いすぎないように。説明より手本を見せてイメージさせると良いでしょう。またトレーニングとしては、コーンを使ったクローズドスキルのトレーニングだけではなく、1vs1や2vs2などオープンスキルの「対人トレーニング」を行い、そのなかで技術を発揮させて、「自信」や「余裕」、「負けん気」を養ってあげるのも良いでしょう。

Q ドリブル中に腰が高いとよく注意されます

A ヒザの使い方を意識してみましょう

腰が高いと重心が高くなり、動きに安定感が生まれません。では、腰を低くするにはどうすれば良いのか？　よく、腰の高さを指摘すると、上半身を腰から曲げて前傾してしまいがちな選手が多いです。しかし、意識するポイントは腰ではなくヒザ、そして股関節です。ヒザを柔らかくクッションのように曲げて、それと連動して股関節も柔軟に動かす。そうすることで重心が下がります。つまり、腰の高さが解消されます。

ここまでドリブル上達のための数々のメニューを紹介してきたが、
実際にトレーニングをやってみても思うように上達しない、
どうやって指導したら良いかわからない……など、
悩みや疑問が選手にも指導者にも出てくるはずだ。
ここでは、著者がそういった質問に対して回答する。

Q ドリブル中にどうしても顔が下がってしまいます

A まずは技術力の向上が大切です

下を向いてしまうということは、選手が自分の技術に対して自信や余裕を持つことができていないと言えるかもしれません。ボール扱いに神経を使いすぎて姿勢が悪くなり、動きが小さくなっていることでしょう。まずは第1章で紹介したようなルーティーントレーニングでたくさんボールに触れることが大切。さまざまなボールタッチを中心に個人練習を積み重ねて、余裕を持ってボールをコントロールできる技術を身につけましょう。ボールタッチ数を増やして技術を上げる一方で、出来ている前提でのエアードリブルをさせると良いです。そして、次第に顔を上げるように意識してトレーニングに取り組んでみると良いです。

Q ディフェンスの選手であっても、ドリブルを鍛えたほうが良いのでしょうか？

A 個を強くすることは必須。ぜひ鍛えてください

「個が弱い」と指摘されることも多い日本代表ですが、それはオフェンスに限ったことではありません。強豪国を見渡すと、センターバックの選手であっても自信を持ってボールを扱っていますし、機会は少ないですが、ゲームのなかではドリブルで駆け上がることもあるでしょう。ポジションによって必要なドリブルが変わってくるのではなく、状況によって必要なドリブルが変わってくる、と考えるようにしましょう。そう考えると、どのポジションの選手であっても、総合的にドリブルの力を高める必要があります。特に子どもは、将来的にポジションが変わるかもしれませんので。

Q フェイントテクニックを身につけても、なかなか相手を抜くことができません

A フェイントは、あくまで抜くための手段の1つです

第1章のなかでエラシコやシザース、マシューズなどの、いわゆるフェイントテクニックをいくつか紹介しました。しかしこれらのテクニックは、「それができれば相手を抜ける」というものではなく、ボールタッチの種類の1つであり、あくまで「相手をだましてドリブルするルートをつくる」方法の1つであるとお考えください。やや極端に言いますと、抜くことができれば成功であり、複雑なフェイントを使わなくても良いのです。テクニックを身につけることを目標としてはいけません。エラシコを繰り出したら相手の重心がどういう風に移動するのか、どうやったら上手に逆を取れるのか、そういったことを常に想像しながら相手を抜き去る方法を身につけることを目標としましょう。

Q 体幹を鍛える必要があるとよく言われます

A 実戦的な練習のなかで体幹も鍛えましょう

体幹を強化する体の軸がしっかりとし、プレーに安定感が生まれるようになります。日本代表の長友佑都選手やバルセロナのリオネル・メッシ選手のような体幹の強さがあれば、大柄な選手を相手にも屈することなく自分の力を発揮できるでしょう。体幹強化に特化したトレーニングを行っても良いですが、強くなるにはハードなトレーニングの積み重ねが必要です。本書で紹介したMenu028のように、相手との1vs1のトレーニングでボールを使いながら、体幹を意識したメニューを取り入れることで楽しく、かつ実戦で活きる体幹力を鍛えられます。

Q ジュニア年代の選手を指導していますが、関節を柔軟に使えているかをチェックするのが難しいです

A 目線を落として観察してみましょう

小学生の子どもの場合は体が小さく、大人に比べたら動きも小さいので、観察するのは確かに難しいでしょう。そこで私がよくやるのが、しゃがんで観察することです。上から見ているとコーンなどが邪魔して見えない部分もありますが、目線を子どもたちと同じ高さに落とすことで、足首、ヒザ、股関節など下半身の動きがよく見えるようになります。具体的にどのポイントの動きが硬いのか、声を掛けてあげましょう。

Q なかなか子どもたちの集中力が持ちません

A インターバルトレーニングとグループ化をお勧めします

リフティングやコーンドリブルなど、変化が少ないトレーニングを主体的に取り組めない子には幾つかの原因があります。「苦手意識」「集中力不足」「体力不足」などが主なものです。彼らには、「3分間だけ全力で取り組み1分休む」インターバルトレーニングをお勧めします。同じ課題を持つ子どもをグループ化してトレーニングすると良いでしょう。

またグループ化は、学年などに拘らずつくってみるのが良いでしょう。グループは固定せずに、選手の緊張感や期待感を保つようにグループ内で活躍した子は上位グループに移動させましょう。上位グループで気を抜いた子と入れかえて競争意識を育てるようにしてください。

CONCLUSION
おわりに

　本書におきましては、「ドリブル練習の教科書」という観点で数々のトレーニングメニューを紹介させていただきました。対象年齢も、ジュニアからジュニアユース世代を中心に幅広く設定しているため、いつでもどこでもできるようなボールタッチからスタートするなど、基礎的なトレーニングメニューもたくさん盛り込んでいます。

　私自身の指導者としての体験から気づいた知識を、この本のなかでは表現してあります。まずは、この教科書に書いてある内容を試してみてほしいと思います。やっていくなかで、最初は書いてあるとおりに進めていたものを、皆さん自身の環境やレベルに合った形へとメニューにアレンジを加えていくようになるはずです。そうして、「書いてあった事」から「気づいた事」に変換させられた時点で、その知識は私の手を離れて皆さんの知識となります。知識は上手に活用して、成果が上がることで役に立つのです。「はじめに」でもお伝えしましたが、「書いてあるとおりにする」だけでの取り組みでは成果は生まれません。

　また、サッカーはチームで協力する競技です。サッカー選手育成には役割別の協力が必要です。コーチは学習と経験を積み上げることで、子どもたちに対して専門的な貢献をするべきである一方で、家庭では、食事と睡眠、挨拶、準備、片付けをはじめとする「躾」が選手育成に必要であることを理解してください。誰かに任せっきりになるのではなく、大人たちが協力しあって、子どもの成長を一緒に見守っていきましょう。

　指導者の方へ、最後にお伝えしたいことがあります。それは、子どもたちへサッカーを教える事が目的とならないようにしていただきたいと思います。指導者が「育てる」よりも、選手が「育つ」メソッドをどんどん実践していきましょう。多くの子ども達が大きく育つことを希望します。

川島和彦
JSC CHIBA代表兼U-12監督

著者＆チーム紹介

著者
川島和彦　かわしま・かずひこ

1967年、千葉県出身。JSC CHIBA 代表兼 U-12監督。日本サッカー協会公認 C 級コーチ。17歳のとき、JSC CHIBA の前身である院内サッカー少年団で指導者人生をスタートした。以後、約3,000人のサッカー少年たちの指導を行ってきた実績を持つ。千葉県内のみならず、青森、岩手、富山、大阪、長野、大分など、活躍の場は全国に広がっている。特に、全国のクラブチームから注目されている独自のドリブル指導法には定評があり、これまでに『サッカークリニック』（ベースボール・マガジン社）、『ジュニアサッカーを応援しよう』（カンゼン）など数多くのサッカー誌に特集された。『わんぱくドリブル軍団 JSC CHIBA の最強ドリブル塾～子供のドリブルテクニックを楽しみながら上達させる方法～』など数多くのDVDの監修を務めたほか、著書に『スペイン流2大テクニック運ぶドリブル＆抜くドリブルをマスターする本』（マイナビ）がある。

実演者
左から児玉伸之、村松正則、岡田遼馬

協力チーム
JSC CHIBA

「トップチーム(社会人)」「ジュニアユース」「ジュニア」の3つのカテゴリーで活動中。「ジュニア」カテゴリーでは、「アスリートコース」「スキルアップコース」「キッズコース」と細分化し、幅広く子どもたちの育成を展開。『戦術よりも個人技術の向上』をクラブ全体のキーワードとして、常に全国レベルを意識し、世界に通用するトッププレーヤーの育成を目指して日々の活動を行っている。(写真はジュニア)

デザイン／有限会社ライトハウス
　　　　　黄川田洋志、井上菜奈美、
　　　　　今泉明香、藤本麻衣
写　　真／矢野寿明
編　　集／木村雄大（ライトハウス）

差がつく練習法
サッカー　個を強くするドリブル練習

2015年11月24日　第1版第1刷発行
2016年 5 月31日　第1版第2刷発行

著　　者／川島 和彦

発 行 人／池田哲雄
発 行 所／株式会社ベースボール・マガジン社
　　　　　〒103-8482
　　　　　東京都中央区日本橋浜町2-61-9　TIE浜町ビル
　　　　　電話　　03-5643-3930（販売部）
　　　　　　　　　03-5643-3885（出版部）
　　　　　振替口座　00180-6-46620
　　　　　http://www.sportsclick.jp/
印刷・製本／広研印刷株式会社

©Kazuhiko Kawashima 2015
Printed in Japan
ISBN978-4-583-10836-0 C2075

＊定価はカバーに表示してあります。
＊本書の文章、写真、図版の無断転載を禁じます。
＊本書を無断で複製する行為（コピー、スキャン、デジタルデータ化など）は、私的使用のための複製など著作権法上の限られた例外を除き、禁じられています。業務上使用する目的で上記行為を行うことは、使用範囲が内部に限られる場合であっても私的使用には該当せず、違法です。また、私的使用に該当する場合であっても、代行業者等の第三者に依頼して上記行為を行うことは違法となります。
＊落丁・乱丁が万一ございましたら、お取り替えいたします。